LA

POLITIQUE COLONIALE

SOUS L'ANCIEN RÉGIME

CALMANN LÉVY, ÉDITEUR

DU MÊME AUTEUR

LA CONFÉRENCE MONÉTAIRE DE 1881. (Étude sur
le système bi-métallique français) . . . . 1 vol

LOUIS XIV ET LA COMPAGNIE DES INDES ORIEN-
TALES DE 1664, 2ᵉ édition. . . . . 1 —

MADAGASCAR, 3ᵉ édition. . . . . 1 —

IMPRIMERIE CHAIX, RUE BERGÈRE, 20, PARIS. — 22520-6

LA
POLITIQUE COLONIALE
SOUS L'ANCIEN RÉGIME

D'APRÈS DES DOCUMENTS
EMPRUNTÉS AUX ARCHIVES COLONIALES DU MINISTÈRE
DE LA MARINE ET DES COLONIES

PAR

LOUIS PAULIAT

PARIS
CALMANN LÉVY, ÉDITEUR
ANCIENNE MAISON MICHEL LÉVY FRÈRES
3, RUE AUBER, 3
—
1887

A MONSIEUR DE FREYCINET,

MEMBRE DE L'INSTITUT, SÉNATEUR,

MONSIEUR,

Au cours de votre récente Présidence du Conseil qui a été si profitable au parti républicain dont vous vous étiez donné pour tâche de faire disparaître les divisions, vous avez signalé votre passage au Ministère des affaires étrangères par une réforme considérable et dont personne ne me semble encore avoir *nti* toute l'importance.

En établissant effectivement, par vos décrets des mois de janvier, février et mars 1886, que chacune des contrées soumises à la protection de la France devait être pourvue d'une organisation et d'un ré-

gime administratif qui lui fussent appropriés, quand bien même cette organisation et ce régime dussent être sans le moindre rapport avec ceux de la Métropole, vous avez introduit dans notre mécanisme gouvernemental une innovation d'un caractère organique, capital et qui est appelée, j'en suis convaincu, à avoir les plus heureuses conséquences pour la prospérité coloniale de notre pays.

Il n'est pas douteux pour moi, Monsieur, que la saine raison et une connaissance approfondie des choses vous ont inspiré en cette circonstance, et que vous avez compris que le moment était enfin venu de rompre avec des principes jugés de tous les bons esprits comme aussi funestes à la Métropole qu'aux pays coloniaux eux-mêmes.

Cependant, si, par fortune, les derniers incidents parlementaires vous laissaient le loisir de jeter les yeux sur l'étude suivante relative à la politique coloniale sous l'ancien régime, et que j'ai pris la liberté de vous dédier, peut-être éprouveriez-vous une certaine surprise en constatant que, dans la réforme que vous avez opérée, vous avez été guidé par des idées absolument identiques à celles du gouvernement de la France d'avant la Révolution.

En matière coloniale, en effet, ce qui caractérisa l'ancien régime, ce fut deux préoccupations dont il ne paraît jamais avoir été abandonné : la première, que les colonies ne fussent en aucun cas une charge quelconque pour la mère patrie, et la seconde que celle-ci eût toujours, au contraire, dans ses possessions exotiques autant de sources d'avantages et de revenus.

A moins d'être aveugle, il est bien certain, Monsieur, que ce sont à ces mêmes préoccupations que vous avez cherché à donner satisfaction avec votre système touchant l'organisation et l'administration des pays de protectorats.

Mais ce qui vous semblera probablement encore plus singulier, si vous voulez bien feuilleter les documents sur lesquels je me suis appuyé pour cet ouvrage, ce sera de reconnaître que ce système présente, en dernière analyse, les plus étroits liens de parenté avec la façon dont l'ancien régime entendit constamment l'organisation et l'administration des colonies.

Or cela seul, Monsieur, me donne le droit de vous prédire que l'expérience sera des plus favorables à votre réforme.

Car, s'il est une chose qu'il n'est pas permis d'ignorer, c'est qu'en fait de fondation de colonies, l'ancien régime était réellement passé maître. On en a du reste la preuve dans les résultats vraiment extraordinaires auxquels il arriva sous ce rapport, résultats, en effet, dont il n'y a pas de partie du globe qui n'offre aujourd'hui encore des vestiges plus ou moins importants.

En terminant, permettez-moi de former le vœu que tous ceux qui vous succéderont au quai d'Orsay

respectent religieusement votre réforme et, s'ils venaient à toucher au système des protectorats dont
vous êtes l'auteur, que ce ne soit jamais qu'en vue de
lui apporter tous les développements que le cours
des choses et la pratique leur auront fait juger
nécessaires.

Veuillez agréer, Monsieur, l'assurance des sentiments les plus respectueux et les plus dévoués de
votre très obéissant serviteur,

LOUIS PAULIAT.

Paris, le 11 janvier 1887.

AVANT-PROPOS

Il est regrettable qu'à la Révolution on ait indistinctement proscrit tout ce qui avait existé sous l'ancien régime. — L'existence tourmentée de notre société durant le XIXᵉ siècle en est la conséquence. — La nouvelle génération est appelée à corriger ce que cette proscription a eu d'injuste et d'absolu. — Ce livre prouvera par un exemple que sous l'ancien régime tout n'était pas mauvais, et que beaucoup aurait mérité d'être conservé. — Cet exemple se rapporte à la façon dont la politique coloniale et la colonisation furent entendues et pratiquées alors.

Lorsqu'on connaît le fond de l'organisation administrative et les principes de gouvernement de la France contemporaine et que l'on s'avise d'en faire une comparaison avec ceux de l'ancien régime, on est envahi d'un sentiment confus, qui prend de plus en plus corps au fur et à mesure que l'on suit plus attentivement le cours ordinaire des affaires publiques, c'est que nos mœurs politiques actuelles, les conceptions, les vues générales et la façon de penser de nos partis, quels qu'ils soient,

auraient eu considérablement à gagner, si seulement
depuis trente années, toutes les personnes qui ont à
un degré quelconque agi sur l'opinion et l'ont di-
rigée, s'étaient jamais livrées à une étude approfondie de ce qui existait chez nous avant la Renaissance et après, jusqu'au moment de la Révolution.

Plus on scrute en effet cette longue période où
la France jouissait d'un rayonnement hors ligne, où
elle brillait dans le monde du plus vif éclat, où
nous possédions une littérature de premier ordre,
une architecture merveilleuse, des arts à nous, bien
à nous, que les autres nations goûtaient et s'empres-
saient d'imiter, où nous jouions un rôle prépon-
dérant en Europe ; plus on déplore, toute autre considération à part, bien entendu, qu'en 1789 notre
fil historique ait été brutalement rompu, et que la
Révolution ait hautement pris à tâche de créer une
ère nouvelle, sans le plus léger point de rattache
ou de ressemblance avec le passé. Chacun sait effectivement que sous ce rapport les choses en sont
arrivées à un tel point, tant la force initiale a été
puissante, que de nos jours il est réellement entré
dans les habitudes de regarder les temps antérieurs
à la Révolution comme des siècles morts, auxquels
le présent ne saurait rien avoir à emprunter, et où
les érudits et les archéologues, pour leur satisfaction

personnelle ou celle de leurs congénères, peuvent seuls trouver quelque intérêt à fouiller.

Or, si l'on éprouve ce sentiment de quasi-regret, en voyant la rupture qui s'est faite en 1789, c'est uniquement parce qu'au moindre examen, on est amené à reconnaître, comme une des choses les plus évidentes, qu'il y avait autrefois dans le pays, dans les corps constitués, dans les conseils de l'État, dans les ordonnances, dans les institutions, etc., une somme énorme d'expérience acquise et d'esprit pratique, dont instinctivement on se rend compte qu'il aurait été désirable à tous égards que le régime nouveau pût profiter.

L'étude de l'ancien régime laisse, en effet, à presque tous ceux qui s'y consacrent, l'idée que c'est peut-être parce que la nouvelle société, qui se substitua à l'ancienne, voulut marcher de ses propres ailes, en faisant table rase de toutes les traditions, que notre pays, depuis ces cent dernières années, a été voué à l'existence la plus lamentablement tourmentée dont l'histoire ait jamais fourni l'exemple.

Quant à nous, nous n'hésitons pas à déclarer que telle est notre opinion, et que l'on perdrait son temps à chercher ailleurs la raison du défaut de solidité et de développement normal qui, dans cette deuxième moitié du XIXe siècle surtout, devra à proprement

parler être regardé comme la caractéristique de notre
conglomérat social ; défaut de solidité par paren-
thèse et de développement normal dont les pen-
seurs du monde entier ont été tous frappés, et auquel il paraîtra d'autant plus extraordinaire aux historiens de l'avenir que la France ait pu survivre, qu'il
aurait entraîné vingt fois la perte de tout autre peuple
beaucoup moins entreprenant et beaucoup moins
en butte que nous aux jalousies de ses voisins.

Quoi qu'il en soit, si l'on est obligé de constater
aujourd'hui entre la France présente et celle d'autrefois une scission tellement tranchée, qu'on se
croirait en face de deux mondes absolument différents, nous nous garderons bien, en ce qui nous
concerne, d'en faire un crime aux hommes de la
Révolution, comme, depuis les derniers ouvrages de
M. Taine, il semble redevenir à la mode de le
faire pour toute chose, chaque fois qu'il est question
de la période révolutionnaire. Condamner est chose
facile en histoire, et il n'y a pas de rôle, au reste,
qui soit plus commode et qui demande moins de
discernement que celui de faiseur de réquisitoire.
Mais à nos yeux, quand on prétend juger des actes
historiques, sans accorder la plus grande attention
au milieu où ils ont été accomplis, sans chercher
un seul instant à se préoccuper des mobiles auxquels

leurs auteurs ont pu obéir, sans préalablement se
tracer pour devoir de peser toutes les circonstances
qui ont plus ou moins directement dominé la volonté ou la conduite des hommes, quelque talent
que l'on y mette ou quelques prétentions que l'on
ait, on a beau dire, on ne peut faire qu'une œuvre
de simpliste; par le motif qu'en procédant de la
sorte, on est fatalement entraîné à sacrifier sans
le vouloir et sans s'en douter, à des idées *a priori*,
à des préventions d'ordre plus ou moins subjectif,
à des sentiments personnels plus ou moins absolus,
toutes choses qui, on le sait, empêchent de prononcer selon la justice et en toute impartialité.

En politique, notamment à des époques critiques
semblables à celle qui s'est déroulée en France de
1788 à 1804, il nous paraît en effet de toute impossibilité de pouvoir arriver à des jugements équitables,
et nous entendons par là des jugements que l'avenir
et tous les hommes de bon sens puissent ratifier, si
l'on ne prend pas constamment pour point de départ
trois éléments principaux d'appréciation. D'abord les
entraînements ambiants, qui font souvent perdre
leur sang-froid aux esprits les plus calmes et aux
plus pondérés; en second lieu les dangers auxquels
auraient été exposés les gens en scène, s'ils eussent
eu le dessous dans la lutte; et enfin, ce qu'il serait

également advenu, en cas de défaite, des doctrines que ces mêmes gens s'étaient donné pour mission de réaliser. Un écrivain, commettant la faute de ne pas faire avant tout entrer ces considérations en ligne de compte, serait menacé, à notre sens, de se tromper à chaque instant.

Or, sans aller plus loin, nous le demandons, existe-t-il dans notre histoire un moment où les entraînements aient été plus irrésistibles que de 1788 à 1804? Pourrait-on, d'autre part, nommer un historien sérieux, ayant jamais affirmé que, si leurs adversaires l'eussent emporté, les hommes de la Révolution n'auraient pas payé de leur tête, sans forme de procès, tout ce qui s'était passé? Et, pour terminer, n'est-il pas certain, si ces derniers eussent été vaincus, que les idées qui leur étaient chères, dans lesquelles ils avaient foi, dont ils désiraient tout particulièrement l'application, auraient été poursuivies, proscrites et traquées, avec une ardeur sans pitié?

Nous nous contentons de poser ces questions. Et il nous semble qu'elles suffiront pour montrer quelle injustice ce serait de reprocher aux révolutionnaires d'avoir créé à la Révolution un état de choses qui n'eût aucune tradition avec le précédent et d'où se trouvât systématiquement banni tout ce qui, de près ou de loin, avait pu exister auparavant.

Tout bien considéré, il est manifeste que c'était par ce moyen seulement, en jetant le pays dans des idées diamétralement opposées, qu'il pouvait leur être permis de se sauver, eux et leurs principes, et qu'en définitive, il leur fut possible d'organiser une résistance assez forte pour rendre à jamais impraticable tout retour victorieux de l'ancienne royauté.

Cependant, si l'on s'explique la haine des révolutionnaires pour l'ancienne France, et si, par suite, on pourrait être porté à l'excuser, il est bon d'observer qu'il ne saurait en être de même de celle que lui ont témoignée les deux générations qui ont suivi. Aussi, dans le cas où un blâme devrait être décerné pour le mépris dans lequel l'étude de nos traditions a été tenue depuis la Révolution, serait-ce bien plutôt ces deux générations qui seraient répréhensibles ; attendu en effet que servilement, « moutonnement », elles ont accepté les préjugés que leur avait à cet égard transmis leur devancière, sans se rendre compte que ces préjugés, tout de commande, avaient été, en grande partie, inspirés par des nécessités de tactique, et qu'elles avaient d'autant moins lieu d'y rester attachées, que les circonstances qui avaient été leur raison d'être avaient disparu.

Néanmoins, il est clair que, dans cette question de culpabilité, la génération qui serait par-dessus tout impardonnable, si elle devait persister dans la manière de voir des précédentes, est celle qui entre en scène depuis la fin du second Empire ; et cela, par ce qu'aujourd'hui où · le dernier représentant de la branche aînée des Bourbons est descendu dans la tombe, et où les principes essentiels et bienfaisants de la Révolution ont tellement pénétré la France du XIXᵉ siècle qu'aucune force humaine ne les en saurait faire sortir, — pour continuer à répudier le passé de parti pris, elle n'aurait même pas le prétexte qu'à tout prendre, les hommes de 1830 et de 1848 auraient peut-être pu encore invoquer, à savoir la crainte de faire le jeu d'un parti existant.

Mais nous avouerons que, sous ce rapport, nous n'avons aucun doute au sujet de cette génération. Et notre conviction la plus intime au contraire est que c'est à elle qu'incombera la tâche historique de renouer nos traditions nationales interrompues.

Pendant le cours de ce siècle, en effet, notre pays a été abreuvé de tant de déceptions, et sa foi en bien des idées et bien des principes qu'il s'était imaginé à jamais acquis et sacrés, s'est tellement refroidie ; chez toutes les classes de la société, comme au reste dans tous les partis, on rencontre, en outre, une telle soif de réformes et d'améliorations, aussi bien dans les différents organismes de l'État que dans la façon de gérer les intérêts publics, — qu'un homme d'il y a trente ou quarante années serait stupéfait des changements qui en ont été la conséquence dans la généralité des esprits. Qu'on le veuille effectivement ou non, on est forcé de remarquer qu'à beaucoup d'égards, dans le domaine des idées, durant cet espace de temps, une profonde transformation s'est accomplie chez nous.

Il n'est pas douteux par exemple que n'importe qui sent aujourd'hui que des changements sont nécessaires, et que les choses ne sauraient indéfiniment continuer comme elles marchent ; et l'on peut de plus observer que tout le monde désire pour le pays, tant à l'intérieur qu'à l'extérieur, une grandeur, un bien-être, d'excellents principes d'administration, dont on s'aperçoit que l'on s'éloigne chaque jour davantage.

Mais la chose la plus singulière, au milieu de tout ce travail d'aspirations et de désirs, c'est que les sentiments patriotiques l'emportent avec tant de puissance, surtout dans les rangs des monarchistes, qu'on rencontre actuellement de plus en plus d'hommes qui sont disposés à se détacher des questions de forme, auxquelles leurs pères auraient jadis aveuglément tout sacrifié, même le fond. Aussi dans cette circonstance est-il permis d'affirmer que jamais peut-être, depuis la Révolution, les esprits n'ont été plus foncièrement disponibles.

Or, si nous avons avancé tout à l'heure que la nouvelle génération pourrait bien avoir la tâche historique de renouer nos traditions nationales interrompues, c'est qu'il est impossible qu'on aille demander les solutions dont on sent le besoin aux spéculations à perte de vue qui passionnaient jadis l'opinion, mais qui ont perdu et perdent chaque jour plus de crédit, et c'est qu'il y a au contraire les plus grandes probabilités pour qu'en cette matière, on s'adresse à la méthode historique, la méthode positiviste et scientifique par excellence, quand il s'agit de ce qui regarde la politique d'une nation.

Dans les conditions, en effet, où nous sommes placés, pour que dans notre pays tout le monde se mît à entrer dans cette voie, notre avis est qu'il faudrait très peu de chose. Il suffirait simplement de quelques écrivains, doués d'un tempérament d'apôtres, et que le hasard aurait peut-être un certain jour poussés à rechercher, au point de vue du XIXe siècle, ce que l'ancien régime pratiquait en fait de politique ou d'administration. Car alors nous sommes persuadé que les procédés et les principes d'avant la Révolution, — principes et procédés qu'on a oubliés ou que l'on croit d'un autre âge, — leur apparaîtraient sous un aspect absolument inattendu pour eux, que depuis un siècle personne ne leur soupçonne et dont ils seraient extrêmement frappés. Leur esprit étant mis en éveil, il est certain qu'ils les examineraient de plus près, et que, de réflexions en réflexions, ils en arriveraient graduellement à s'apercevoir qu'au cas où l'on voudrait réappliquer ces procédés et ces principes, il ne manquerait à ces derniers pour produire les meilleurs effets que d'être rajeunis dans leur forme, ou en d'autres termes, mis au point du XIXe siècle.

Nous laissons à penser ce qu'il adviendrait si, après s'être pénétrés de ce que la plupart de ces principes et de ces procédés renferment d'effectif comme d'éternel bon sens, quelques auteurs d'élite s'imposaient la mission de démontrer jusqu'à quel point ils s'adaptent à la nature des choses et au tempérament de notre pays. En tout cas, nous le répétons, il n'en faudrait pas davantage ; car chacun devine sans peine les modifications de points de vue et d'idées qu'avec de l'ardeur communicative et une conviction sincère, ces auteurs seraient susceptibles de déterminer dans l'ensemble de l'opinion

Est-ce de cette façon ou par une autre voie que beaucoup de choses de l'ancien régime sont appelées à être remises en discussion et auront chance de rentrer en faveur ? Nous l'ignorons. Mais nous n'hésitons pas à prédire cette future renaissance, qui nous semble commandée par la force des choses; nous ajouterons même que nos études personnelles nous permettent d'annoncer qu'elle pourrait bien apporter à la France contemporaine des solutions et des progrès après lesquels nous courons vainement depuis la Révolution.

Quoi qu'il en soit, à titre de preuve et comme les regrets que nous venons d'exprimer au sujet de la rupture opérée en 1789 entre le passé et l'avenir pourraient être jugés sans fondement, nous avons entrepris, dans les pages qui vont suivre, de faire voir, au moyen d'un exemple, combien d'écoles, de pertes, de déboires, nous auraient été épargnés durant ce siècle, si nous étions restés fidèles à certaines de nos traditions; et, pour cet exemple, nous avons choisi une question toute spéciale, de date relativement très récente, vu qu'elle ne remonte guère qu'à 1881, et sur laquelle les partis discutent avec la plus vive acrimonie, sans arriver à s'entendre; nous voulons parler de la politique coloniale et des moyens à employer pour étendre notre colonisation.

PREMIÈRE PARTIE

CONDITIONS DANS LESQUELLES SE TROUVA L'ANCIEN RÉGIME POUR SE
CRÉER DES COLONIES.

IL ADOPTA COMME PRINCIPE QUE LA CRÉATION DES COLONIES
NE DEVAIT RIEN COUTER A L'ÉTAT

1

Quand on compare, avec les avantages qu'elles nous rapportent, tout ce que nous ont coûté et nous coûtent encore les colonies que nous avons fondées au xɪxᵉ siècle, on ne peut qu'être ennemi de toute politique coloniale. — Mais, s'il en est ainsi, c'est qu'au point de vue colonial, nous nous sommes départis des règles et des principes de l'ancien régime.

Du moment que notre objet est de démontrer ici qu'en fait de colonisation et de politique coloniale, la France de la Révolution aurait eu intérêt à ne pas s'écarter des voies de l'ancien régime, comme entrée en matière et afin de bien mettre les différences en lumière, nous croyons nécessaire d'exposer à larges traits les résultats auxquels nous ont conduits, sous ce rapport, les moyens que nous avons employés au xɪxᵉ siècle. On sera ensuite beaucoup mieux à même de voir combien il y aurait eu de profit pour nous à rester dans nos anciennes traditions.

Nous prendrons en premier lieu l'Algérie, possédée par la France depuis plus de cinquante années. Or, plus on l'étudie en tant que colonie, plus on est contraint d'avouer que l'embarras ne laisserait pas d'être extrêmement grand, si l'on était forcé de justifier sa conquête par les avantages purement coloniaux qu'elles nous a valus jusqu'ici.

Est-ce, en effet, comme déversoir à la population de la métropole qu'il plaît de l'envisager? Mais les recensements sont là, lesquels attestent que, contre 219,262 colons d'origine française installés dans le pays, il y en a 206,212 venus de différentes contrées de l'Europe: Grèce, Italie, Malte, Espagne, etc. La considère-t-on, au contraire, au point de vue des débouchés qu'elle offre à nos produits? Assurément, dans les statistiques les plus récentes, il est dit que nous y importons pour 230 millions de marchandises, tandis que les importations de l'étranger n'y seraient que de 80 millions; cependant, comme il est rationnel que de ces 230 millions on défalque non seulement tout ce que l'on envoie de France pour les 50,000 hommes auxquels s'élève en moyenne le chiffre de nos garnisons algériennes, mais encore tout ce qui y est expédié pour les travaux publics

considérables qu'on y entreprend chaque année, —
de cette simple observation, il résulte qu'au total,
sous le rapport commercial et colonial, notre possession d'Algérie, toute proportion gardée, n'est pour
ainsi dire pas moins profitable aux autres pays qu'à
nous, et cela, qu'on ne le perde pas de vue, bien que
la contrée soit entièrement sous notre domination.

Peut-être quelques-uns seraient-ils portés à supposer qu'en revanche, l'Algérie constitue pour la
France une source importante de revenus fiscaux.

Malheureusement, de ce côté encore, les chiffres
officiels viennent témoigner du contraire. Pour
34,482,000 francs de recettes tirées par la métropole
de l'Algérie, elle y doit faire face à 40,643,000 francs
de dépenses, soit un déficit de 6,200,000 francs ; et, en
outre, parmi ces dépenses, n'en figurent pas plusieurs
autres, dont celles qui relèvent du ministère de la
guerre, lesquelles doivent certainement monter aux
environs de 100 millions de francs par an.

On voit par là que, financièrement parlant, après
une occupation d'un demi-siècle, l'Algérie représente
encore aujourd'hui pour la France une charge
énorme. Et, bien entendu, dans les chiffres qui précèdent, nous avons volontairement passé sous silence l'intérêt annuel des milliards que sa conquête
nous a demandés. Si l'on avait sous les yeux les sommes

d'argent et le nombre d'hommes qui y ont été en-
gloutis de ce chef, il n'y aurait pas un habitant de
la métropole qui n'en serait effrayé.

Et qu'on n'aille pas s'imaginer que ce soit là tout
ce que l'on ait à dire de l'Algérie. Ce qu'il y a de plus
lamentable en outre, c'est qu'on ne peut pas promettre
que notre domination y soit complètement et à jamais acceptée. Nous nous y sommes effectivement
si mal pris avec les indigènes ; nous avons si peu
fait pour nous les assimiler ; en accordant, il y a
seize années, la qualité de Français aux juifs al-
gériens sans édicter une mesure équivalente en faveur des Arabes ou des Kabyles qui auraient rem-
pli certaines conditions, notre conduite a été si impolitique, que, dans la colonie, par notre faute, de
sérieux éléments de mécontentement et d'insurrec-
tion subsistent encore qu'on n'y devrait plus rencontrer. Nous n'entendons point dire par là que notre
pouvoir pourrait en être irrémédiablement atteint.
Ce n'est pas notre pensée. Nous voulons simplement
indiquer que des dangers de désordres, de perturba-
tions, de ruines publiques ou privées, y existent,
qui, à un moment donné, en éclatant, auraient pour
effet de se traduire par de grosses dépenses au budget.

De l'Algérie, l'envie prend-elle de se transporter en

Cochinchine, où notre drapeau flotte depuis 1859? Rien ne serait attristant comme une comparaison entre les dépenses en hommes ou en argent absorbés par cette colonie et les résultats que nous y avons obtenus jusqu'à ce jour. Sur les 2,000 Français qui y habitent, en effet, plus de 1,500 sont fonctionnaires ou soldats, et à la solde du gouvernement métropolitain! Pour 20 maisons de commerce, 2 à peine sont françaises, les autres étant anglaises, allemandes ou chinoises! Il n'y a donc point lieu de s'étonner que sur les 59 millions de francs de produits qu'on y introduit du dehors, on ne compte que pour 7 millions de produits français. Bref, les défenseurs les plus acharnés de cette colonie conviennent eux-mêmes que, pour l'année 1885, la meilleure que nous ayons eue depuis 1859, la Cochinchine ne reviendra au trésor de la France qu'à 6 millions de francs, en laissant de côté, bien entendu, la majeure partie des frais d'occupation.

Pour le Sénégal, la Guyane et la Nouvelle-Calédonie, si l'on voulait s'y arrêter, les observations seraient du même genre.

On se souvient que c'est seulement dans le courant de 1881 que la France a mis la main sur la Tunisie. Or, si l'on consulte le budget à son sujet, nous y voyons cette colonie figurer pour une dépense annuelle de 18 millions environ. Mais, que l'on capitalise cette somme, dont l'objet est de faire face à une dépense normale plutôt appelée à augmenter qu'à diminuer; qu'on y ajoute d'autre part tout ce que nous avons dû débourser pour y établir notre protectorat et comprimer les rébellions qui en furent la suite; que l'on n'oublie pas, en outre, que notre impardonnable parti pris de maintenir les populations à l'état de peuple conquis sans rien faire pour les amener à fusionner avec nous, nous interdit de fermer le chapitre des révoltes et, par conséquent, celui des crédits destinés à en venir à bout; et l'on aura le moyen de se faire une opinion à peu près juste du capital considérable immobilisé par l'acquisition de cette colonie.

Puisque, comme dans un panorama, nous passons brièvement en revue les plus importantes acquisitions coloniales de la France pendant le xixᵉ siècle, il est de la dernière évidence qu'on ne nous permettrait pas de nous taire relativement au Tonquin. Nous admettrons sans peine, ce qui est fort probable, que cette contrée ne nous sera jamais plus disputée par la Chine, en sorte qu'il n'y aura plus lieu de redouter qu'elle devienne jamais pour nous la cause d'une grande guerre. Mais qui pourrait nous fournir le montant exact des millions et des soldats dont il a fallu faire les frais avant d'arriver au deuxième traité de Tien-Tsin? Qui pourrait nous dire, d'autre part, ce que nous coûteront encore de sang et d'argent l'organisation et la pacification du pays? Puis, lorsque la paix n'y sera plus troublée, et que le commerce et la production auront repris partout, est-il bien certain qu'il ne faudra pas encore de longues années avant que le Tonquin puisse lui-même pourvoir à ses dépenses, et n'est-on pas en droit de supposer qu'il ne compensera jamais d'une manière appréciable les sacrifices énormes que nous avons dû faire pour lui, durant trois années, en raison de la déplorable direction donnée aux opérations?

Sans doute, nous ne disconvenons pas qu'on pourrait nous objecter ici que le régime des protectorats aura pour conséquence de produire, en Tunisie et au Tonquin, des résultats tout autres que ceux auxquels nous devrions nous attendre, si l'on devait appliquer à ces pays la politique coloniale que nous avons suivie en Algérie, au Sénégal ou en Cochinchine. Cependant, comme, après tout, ces résultats sont encore dans les contingences de l'avenir, et comme l'existence du régime des protectorats, datant encore à peine d'une année, est elle-même soumise à tous les aléas de notre instabilité ministérielle, on

1.

comprendra que nous n'ayons point à en tenir compte ici, et que nous discutions uniquement la façon dont nos gouvernements en matière coloniale se sont conduits depuis la Révolution jusqu'à nos jours.

Après ces aperçus rapides sur chacune de nos principales extensions coloniales au XIX° siècle, il est manifeste, à moins d'être tout à fait dénué de bon sens, qu'on ne peut que partager l'avis des économistes, c'est-à-dire des hommes dont la spécialité consiste à raisonner sur le doit et l'avoir de la société, lesquels, comme on l'a vu dans les débats qui ont eu lieu de 1882 à 1885, se sont pour la plupart déclarés hostiles à toute politique coloniale et à toute nouvelle acquisition de colonies. Chiffres en main, en effet, il est indiscutable, par l'exemple de l'Algérie, de la Tunisie, de la Cochinchine, du Tonquin, etc., que des colonies ne sauraient être pour nous, à proprement parler, que des possessions de luxe, qu'on ne les acquiert qu'à des prix exorbitants et qu'elles ne rapportent jamais le revenu de ce qu'elles ont coûté. Aussi la conclusion logique qu'ils ont, avec juste raison, tirée de la connaissance des faits, a-t-elle été qu'une politique coloniale, poursuivie par la France sur une certaine échelle, rien qu'au point de vue budgétaire, ne pouvait avoir pour conséquence que d'amener la ruine totale du pays [1].

Si l'on voulait avoir la franchise d'en convenir, telle serait effectivement la déduction qui devrait découler de notre histoire coloniale depuis la Révolution.

Eh bien, c'est précisément contre cette opinion que nous avons l'intention de nous inscrire ici.

Nous voudrions faire toucher du doigt que, si la politique coloniale et les colonies ont été de nos jours tellement onéreuses à la France que le moindre souci de l'intérêt public aurait dû nous conseiller depuis longtemps d'y renoncer, cela a purement été par ce motif que, depuis 1789, nous nous sommes départis en cette matière des règles et des principes que l'ancien régime nous avait légués.

Lorsque dans un instant nous aurons expliqué en quoi consistaient ces règles et ces principes, que l'Allemagne n'a pas manqué d'adopter pour ses colonies et que l'Angleterre, de son côté, après nous les avoir empruntés, s'est bien gardée d'abandonner, nos lecteurs seront émerveillés de les trouver aussi simples, aussi efficaces et aussi pratiques. Et,

---

1. Cette question a été traitée avec une grande puissance d'analyse par M. Yves Guyot dans son récent volume : *Lettres sur la politique coloniale*.

dès lors, ils comprendront comment il se fait que, sans engager les finances de l'État ou augmenter ses responsabilités, la France du xviiᵉ et du xviiiᵉ siècle ait pu couvrir de ses essaims la plupart des terres situées au delà de l'Océan. Après les publications qui ont vu le jour depuis ces dernières années, il n'est plus permis, en effet, d'ignorer aujourd'hui que si, pendant ces deux siècles, notre expansion coloniale n'avait pas été annulée à Paris par une politique continentale des plus imprévoyantes, l'Amérique du Nord, toutes les Antilles sans exception, la majeure partie des Indes, nous appartiendraient en propre et seraient à cette heure habitées par une population d'origine française.

Et, en nommant ici l'Amérique du Nord, les Indes et les Antilles, nous n'entendons citer que les contrées où nous étions déjà établis à l'époque néfaste du règne de Louis XV, sans tenir compte des pays découverts avant ou après, et sur le territoire desquels, par la suite des temps, comme ont fait les autres peuples, il nous aurait également été possible de nous implanter.

1

Erreur dans laquelle on est quand on prétend que la France n'est pas un pays colonisateur. — Preuves tirées de l'histoire ancienne, de celle du moyen âge et de l'histoire moderne. — Si, depuis la Révolution, nous ne colonisons plus, c'est que notre force d'expansion subit un temps d'arrêt. — Nécessité pour comparer la politique coloniale de l'ancien régime à celle de la France de la Révolution, de connaissances préliminaires sur les pays où la France alla fonder des colonies au xviie et au xviiie siècle.

Nous ne serions pas surpris si, en nous voyant parler ainsi de l'expansion et de la puissance colonisatrice de la France, quelques-uns de nos lecteurs étaient portés à nous accuser d'erreur ou à tout le moins d'exagération ; car actuellement, lorsqu'il est question de colonies ou de politique coloniale, on se heurte sur-le-champ à une idée toute faite, qui a formé le fond de la plupart des discours ou des écrits auxquels ont donné lieu les expéditions du Tonkin et de Madagascar : à savoir que la nation française n'appartenait pas à une race colonisatrice.

On doit se souvenir, en effet, que cette assertion a été répétée à l'envi tant à la tribune que dans la presse ; en dernière analyse, c'est même à l'assentiment universel qu'elle a rencontré et que du reste elle rencontre encore, que cette question de colonies et de politique coloniale a dû de n'avoir pas été examinée alors, notamment par l'extrême gauche, avec toute l'attention qu'elle méritait.

Assurément il n'est pas contestable que, depuis la Révolution, les Français n'ont pas fait preuve d'une grande tendance à sortir de leur pays et à émigrer, et il faudrait en vérité être bien osé pour élever le moindre doute à cet égard. Mais le mal a été que personne ne s'est avisé de se demander si ce fait ne provenait pas de quelque cause spéciale, d'ordre tout temporaire, qu'on devait essayer de découvrir. Tout le monde s'est comme donné le mot pour raisonner comme si nous n'existions que depuis 1789, et, de ce qu'il était avéré que nous ne colonisions plus depuis la Révolution, chacun s'est empressé d'en conclure que nous n'étions pas un peuple colonisateur ; et cela, chose curieuse, quand l'inverse est attesté par un passé de plusieurs milliers d'années, et quand notre histoire, prise au point de vue de la colonisation, n'est qu'un long témoignage de ce

fait, qu'il n'y a peut-être pas de nation plus capable que la nôtre de se répandre et de faire souche
au dehors.

Aussi haut effectivement que l'on remonte dans
les annales des anciennes nations de l'Europe et de
l'Asie, chez toutes on entend parler de migrations
de nos aïeux, c'est-à-dire d'hommes *venus de la
Nuit, de l'Érèbe*, c'est-à-dire de l'occident, du cou-
chant, et qu'on désigne communément sous les noms
de Celtes, de Gaulois, de Galates, de Scytho-Celtes,
de Celtibères, etc. Il n'y a qu'à lire le *Ramayana*, le
grand poème indou, pour s'apercevoir que son héros,
Ram, était un Celte. Pendant quatre ou cinq siècles,
Rome vécut dans la crainte d'invasions de Gaulois,
dont les tribus avaient peuplé tout le nord de l'Italie,
lequel pour cette raison fut appelé « Gaule cisal-
pine ». Et la terreur que jetaient ces invasions dans
l'âme des vieux Romains de la République allait
si loin, qu'à la seule proclamation d'un *tumultus
gallicus*, il n'y avait plus à Rome ni classes de citoyens, ni discordes civiles, ni lois, ni organisation
politique. On élisait un dictateur, tout le monde
courait éperdument aux armes. Il s'agissait de n'être
pas anéanti, comme si un cyclone eût passé.

Tous ceux qui ont fait leurs études classiques
savent d'autre part qu'avant de donner cours à ses

desseins contre les Perses, Alexandre voulut conquérir les pays situés à l'ouest de la Macédoine.
Mais, au dire des historiens, il aurait rencontré une
résistance tellement invincible de la part de nos
pères fixés en Illyrie, qu'il aima mieux traiter avec
eux que d'essayer de les réduire; ce ne fut qu'ensuite qu'il se porta sur l'Asie. Ce n'est pas à cette
unique occasion, du reste, que l'histoire grecque
nous parle d'eux; elle nous apprend encore qu'après
Alexandre, ils forcèrent le passage des Thermopyles,
qu'ils pillèrent le temple de Delphes, et qu'il ne
fallut pas moins que l'intervention miraculeuse
d'Apollon pour les rejeter hors du sol des Hellènes.

Et il n'y a pas qu'en Europe où les Gaulois, dans
cette période, eussent formé d'importants établissements; ils avaient également envahi l'Asie Mineure
qu'ils soumirent, imposant tribut à tous. D'après
Tite-Live, leur domination s'était même étendue jusqu'en Syrie, dont le roi aurait été leur tributaire.
On se rappelle à ce propos l'étonnement mêlé d'effroi
dont furent un jour saisies des cohortes de Gaulois à la solde de Rome, auxquels on faisait tra-
verser l'Asie Mineure pour les mener contre les
Perses. Pendant plusieurs jours, ces Gaulois avaient
parcouru des contrées entières où l'on parlait la
même langue que dans leurs villages! Ils s'étaient

trouvés là en présence de frères venus jadis des bords de la Somme, de la Loire, de la Seine, du Rhin et du Rhône ; mais, de part et d'autre, on ignorait depuis quand.

Voilà pour l'antiquité, en ce qui regarde l'Europe et l'Asie. Car nous laissons de côté l'Afrique, où il est connu qu'il subsiste de nombreuses traces du séjour de nos aïeux. Des auteurs soutiennent même que les Kabyles sont les descendants d'une invasion de Celtes restés dans le pays. Maintenant, si l'on n'était pas convaincu, on pourrait nous suivre à des temps plus rapprochés. Dans les environs du XIIe siècle, on assiste à un formidable essor des facultés d'émigration de notre pays.

Vers cette époque en effet, pendant deux siècles consécutifs, on voit la France à la tête d'une partie de l'Europe se ruer sur l'Orient, l'Égypte, la Syrie, l'Asie Mineure, les îles de la Méditerranée orientale, la Tunisie. Sans doute, c'était sous couleur de religion, et ces invasions portent le nom de croisades. Mais, au fond, elles avaient si bien le caractère de migrations et de conquêtes, suivies d'une occupation permanente, et les hommes qui les composaient étaient si bien dans l'intention de s'établir définitivement dans les contrées que nous venons de nommer, que ces contrées sont littéralement semées de

ruines de châteaux forts bâtis par eux. Une preuve
des plus péremptoires que la question religieuse
n'était qu'un prétexte pour les *croisés*, c'est que les
rangs de leurs troupes étaient ouverts aux sectateurs
de l'Islam, et que, près de sept siècles avant nos
bataillons de *Turcos*, ils avaient des régiments de
Turcoples qu'ils employaient contre les musulmans
à titre d'auxiliaires, et qui se battaient fort bien [1].
Quant à la preuve que la grande majorité des croisés
était bien composée de purs Gaulois, elle se trouve
dans ce fait que tous les actes privés ou publics
émanant d'eux et qui nous ont été conservés, sont
écrits en français et la plupart en langue d'oïl.

Ce ne fut pas d'ailleurs seulement dans le Levant
qu'à ce moment-là, la France alla à la recherche de
terres à prendre. Vers les mêmes temps, des émigrants gaulois, ayant à leur tête Henri de Bourgogne, passaient dans la péninsule ibérique, où ils
fondaient le royaume de Portugal. D'autres encore
s'emparaient du midi de l'Italie et de la Sicile, alors
aux Grecs et aux Sarrasins. D'autres enfin, sous la
conduite de celui qu'on devait appeler par la suite
Guillaume le Conquérant, traversant la Manche, écra-

---

1. Voir *les Colonies franques de Syrie aux* XIIe *et* XIe
siècles, par E. Rey, Paris 1883, chez Picard.

saient les Anglo-Saxons à Hastings et se partageaient l'Angleterre.

Il nous semble que, lorsqu'un peuple a un pareil passé dans son histoire, il faut une singulière défaillance de mémoire pour prétendre qu'il ne possède pas les qualités qui constituent l'émigrant et le colonisateur. La vérité est plutôt, au contraire, qu'il fait partie d'une race tout particulièrement travaillée d'un invincible besoin d'expansion ; besoin d'expansion qu'à certaines époques et sous l'empire de certaines circonstances, on pourrait peut-être considérer comme épuisé, mais qui pour nous en ce cas ne peut jamais être qu'à l'état de repos, et avec les retours duquel, à notre avis, de véritables hommes d'État auront toujours raison de compter.

Et, quand nous parlons ici de ces retours, ce n'est pas sans motif ; c'est que nous avons un précédent. Au xvᵉ siècle, en effet, on vit ce gigantesque mouvement d'émigration s'arrêter net, et rester, sans donner signe de vie, pendant près de deux cents années ; car il ne nous paraît pas nécessaire de citer un certain nombre de petites entreprises, comme la conquête des Canaries, que les historiens ont à peine jugé bon de mentionner. Mais nous ajouterons que cette éclipse — car ce ne fut qu'une éclipse, — pourrait aussi bien s'expliquer que celle dont nous subissons les effets depuis la Révolution. Elle vint d'abord de la guerre de Cent ans, qui nous obligea de nous défendre sur notre territoire ; puis, après la guerre de Cent ans, de nos expéditions d'Italie, et de nos guerres de religion. Ce qui démontre toutefois souverainement que ce besoin d'expansion n'était alors qu'assoupi chez nous, et ce qui donne en conséquence le droit de supposer qu'à l'heure actuelle, il en est de même et qu'un de ses réveils est peut-être proche, c'est que, à peine le règne de Henri IV et le commencement de celui de Louis XIII nous avaient-ils permis de nous refaire, il reparaissait tout à coup avec une remarquable puissance, pour durer pendant tout le xviiᵉ et pendant tout le xviiiᵉ siècle. Seulement, cette fois, ce fut vers les vastes continents découverts par Christophe Colomb et Vasco de Gama qu'il devait se donner carrière. Et l'on en comprend la cause : c'est que l'état de l'Europe chrétienne aurait interdit, à ce moment-là, ces migrations d'autrefois avec les dépossessions en masse qui en étaient la suite ; et puis, une autre raison qui fut peut-être la principale, c'est que ces nouveaux continents renfermaient des richesses qu'on aurait vainement demandées à l'ancien.

On pense bien que nous ne voulons pas raconter ici tout ce que nos compatriotes entreprirent durant ces deux siècles d'expansion, sur tous les points du globe. C'est un volume entier qu'il faudrait. Mais nous signalons le sujet aux écrivains que l'abondance des matériaux ne serait pas de nature à décourager. Tout ce que nous pouvons dire, c'est que l'histoire qu'on pourrait écrire à ce propos serait la réfutation la plus décisive de tout ce que l'on a prétendu pour soutenir que la France n'était pas un pays d'émigrants et de colonisateurs.

On s'explique que nous ayons tenu dans cette courte digression à rétablir la vérité en ce qui regarde la force d'expansion coloniale de la France.

Nous allons maintenant rentrer dans la question qui nous occupe. Mais, si nous devons parler de ce dernier grand courant d'émigration, il ne faut pas que l'on compte sur de grands détails de notre part; ce sera très indirectement et d'une façon sommaire; uniquement parce que ce fut à son occasion et en vue d'ajouter à notre pays des territoires nouveaux qu'elle désirait faire peupler et mettre en valeur, que la royauté française édicta l'ensemble des principes et des règles que nous avons l'intention de rappeler.

Cependant, avant d'en arriver encore là, comme après tout notre principal dessein dans cette étude est d'établir un parallèle entre la façon dont les colonies

et la colonisation ont été comprises sous l'ancien
régime et ce que nous avons fait sous le même
rapport depuis la Révolution, nous croyons indispensable de donner un certain nombre de renseignements; sans quoi, nos lecteurs manqueraient des
éléments les plus essentiels pour une bonne
comparaison.

En premier lieu, nous devons dire dans quelle
mesure, vers 1626, c'est-à-dire à l'époque où se
dessina le courant d'émigration dont nous parlons,
l'ancien monde ou, en d'autres termes, l'Europe,
connaissait les contrées dont Vasco de Gama et
Christophe Colomb avaient révélé l'existence; et
nous exposerons ensuite quelle était la situation
diplomatique de ces pays vis-à-vis des nations de
cette même Europe, au moment où l'émigration
française allait s'y porter.

Ce n'est que de cette manière que l'on pourra
avoir une connaissance complète des conditions où
la France de l'ancien régime et celle de la Révolution se sont respectivement trouvées pour tout ce
qui a eu trait à leur œuvre de colonisation.

III

De par la bulle de 1494, tous les pays découverts par les grands navigateurs du xv° siècle avaient été attribués exclusivement au Portugal et à l'Espagne. — Des guerres heureuses avaient pu ouvrir à l'Europe les contrées appartenant au Portugal, mais il n'avait pu en être de même de celles de l'Espagne. — Pourquoi, lors de la Réforme, l'Espagne fut l'inébranlable champion de la Papauté. — Échec des négociations poursuivies par la cour de France auprès de l'Espagne afin d'obtenir pour les colons d'Europe la liberté de s'établir aux Indes occidentales. — Article secret du traité de Vervins. — Pourquoi, au xvii° et au xviii° siècle, nous eûmes un aussi grand nombre de corsaires capables et expérimentés.

Il faut savoir avant tout que, vers 1626, les terres habitées ou non, situées hors d'Europe et auxquelles on donna jusqu'à la fin du xviii° siècle le nom générique de « Indes occidentales », étaient loin d'être complètement connues.

Certes, on avait bien dressé des cartes de la plupart d'entre elles. Mais, si les côtes en avaient été plus ou moins exactement relevées, il n'en était aucunes, sauf aux Indes occidentales, le Mexique et

le Pérou, où les Européens eussent pour ainsi parler
pénétré dans l'intérieur. Il n'y avait de réellement
connu que les points du littoral où des établissements avaient été formés ; un grand nombre d'îles
n'avaient même pas encore été rencontrées par les
navires d'Europe. Quant à l'immense archipel des
Antilles, qui ferme le golfe du Mexique et où l'émigration française devait plus particulièrement con-
verger, on en savait simplement ceci : que, dans la
direction de l'Ouest, du 10e au 30e degré de latitude, il existait plusieurs groupes d'îles, dont quelques-unes seulement avaient été côtoyées et décrites.

En somme, à cette époque, tout demeurait en très
grande partie à découvrir et à explorer. On conviendra qu'il y avait déjà de ce chef une première difficulté pour des entreprises coloniales dans ces régions.
Mais on ne doit pas se figurer que ce fût la seule.

De prime abord, effectivement, on serait enclin à
supposer que ces contrées plus ou moins inconnues
étaient des terres libres, c'est-à-dire que, de par le
droit public européen, elles étaient susceptibles de
devenir la propriété du premier occupant ; ce qui
signifie qu'une nation n'aurait dû avoir qu'à y mettre
le pied la première pour en acquérir la souveraineté. Eh bien, au contraire : il n'en était rien.

Lorsque au xve siècle en effet, Portugais et Espagnols avaient vu les efforts de leurs navigateurs couronnés d'un plein succès par la découverte de la Chine, des Indes et de l'Amérique, presque immédiatement ces deux peuples s'étaient pris l'un pour l'autre de la haine la plus féroce. S'enviant réciproquement leurs possessions, chacun d'eux soutenait que les terres dominées par l'autre lui appartenaient depuis longtemps à titre de premier occupant. De là des conflits sanglants toutes les fois qu'un navire espagnol rencontrait un vaisseau portugais, et *vice versa*. Les rapports du Portugal et de l'Espagne s'étaient à la longue si bien envenimés et aigris, qu'une guerre implacable était sur le point de les mettre aux prises. C'est alors que le pape Alexandre VI crut de son devoir de s'interposer. Son arbitrage, accepté des deux parties, donna lieu à la bulle de 1494. On connaît cette bulle, qui fut un des actes les plus importants de la papauté au xve siècle. Traçant une ligne imaginaire passant à un point déterminé à l'est des Açores, par cette bulle, Alexandre VI attribuait à l'Espagne tout ce qui était à droite de la ligne, c'est-à-dire du côté de l'Amérique, et au Portugal tout ce qui se trouvait à gauche, autrement dit par delà le cap de Bonne-Espérance.

Comme la science officielle, dont le pape était à

cette époque le gardien suprême, n'admettait pas alors, comme on sait, que la terre fût ronde, en reléguant ainsi les uns à droite et les autres à gauche, Alexandre VI s'était bercé de l'idée qu'il empêcherait à jamais toute rencontre entre Espagnols et Portugais, et qu'il ferait ainsi disparaître à perpétuité les risques de collision entre eux.

S'il n'y avait eu que sous ce rapport que le pape se fût trompé, le mal n'aurait pas été bien grand ; car il était évident qu'en allant les uns vers l'Est et les autres vers l'Ouest, Espagnols et Portugais, vu la forme sphérique de la planète, devaient forcément finir un jour par se retrouver face à face. Malheureusement, en principe, sa bulle pouvait avoir d'autres conséquences bien plus dangereuses, et auxquelles il n'avait pas songé. Au moment où il l'avait lancée en effet, l'Espagne et le Portugal étaient les seuls pays qui s'adonnassent aux grandes entreprises de mer ; et ce qui ne lui était pas venu à la pensée, c'était de peser les résultats qu'aurait sa décision, s'il arrivait jamais que d'autres nations européennes prissent un jour goût à la navigation au long cours, et entrassent dans la même voie que le Portugal et l'Espagne.

C'est justement ce qui s'était présenté presque tout de suite. A peine effectivement la nouvelle

s'était-elle répandue en Europe des richesses immenses que Portugais et Espagnols tiraient de leurs possessions des Indes, que ç'avait été chez tous les esprits
entreprenants du vieux monde un mouvement général pour se rendre dans les mêmes contrées.

Mais tous s'étaient heurtés à une interdiction absolue de la part de l'Espagne et du Portugal, lesquels, s'appuyant sur la bulle de 1494, s'arrogeaient
le droit exclusif d'aller dans ces contrées pour y faire
le commerce ou y coloniser. Les prétentions de ces deux
pays à cet égard étaient de telle sorte et si entières,
que, par le fait, les Indes orientales et les Indes occidentales se trouvaient absolument fermées aux nationaux de tous les autres États européens.

Nombre d'historiens se sont étonnés qu'à la Renaissance et après, l'Espagne ait été de parti pris
et systématiquement inféodée à la cause catholique.
Les uns en ont cherché le motif dans la lutte sécu-
laire qu'elle avait soutenue précédemment, au nom
de la foi chrétienne, contre les Maures, les autres dans
le sombre fanatisme de sa dynastie, les autres enfin
dans une prétendue impossibilité congénitale où seraient les Espagnols de raisonner leurs croyances et
par suite de s'en dégager. Qu'il y ait eu de tout cela
un peu, c'est possible; en tout cas, nous ne faisons
aucune difficulté de l'admettre. Mais toutes ces rai-

sons, si tant est qu'elles aient existé, furent dominées alors selon nous par une autre, d'un ordre
exclusivement économique et politique. Comme la
grandeur de la Couronne espagnole, ses richesses, la
source elle-même de sa puissance, résidaient dans
ses colonies, et comme, d'autre part, ses titres de
propriété sur ses colonies lui venaient uniquement
d'une concession papale, ne conçoit-on point l'intérêt
primordial qu'il y avait pour elle au maintien de la
papauté? Il tombe, en effet, sous le sens que tout
ébranlement du pouvoir papal aurait fatalement
eu pour conséquence la mise en discussion ou en
doute de la validité des droits dont elle se targuait
sur le nouveau monde, puisqu'elle ne les tenait que
du Vatican. Nous ne voulons pas insister davantage
sur ce point. Mais on sent à quels grands mobiles
politiques dut obéir l'Espagne dans ces terribles années de la Réforme. Qu'elle le voulût ou non, sa fortune entière et sa destinée étaient engagées dans la
défense du catholicisme romain et dans sa durée;
elle devait tout faire au monde, et ne pas hésiter
devant les plus grands crimes de lèse-humanité,
pour que la papauté triomphât quand même de ses
ennemis.

Si l'on tenait, du reste, à se faire une opinion des
obstacles irritants que la bulle de 1494 apporta à

l'expansion coloniale et commerciale de l'Europe, nous conseillerions de parcourir la bibliographie de tout ce qui fut publié à son sujet de la fin du XVe siècle à celle du XVIIe, tant en Allemagne et en Angleterre qu'en Hollande et en France. Son résultat avait été de partager l'Europe en deux camps : l'Espagne et le Portugal d'un côté, toutes les autres nations de l'autre Cette question des droits exclusifs conférés par le pape aux Espagnols et aux Portugais était si européenne, si capitale pour les peuples, que, dans les pays que nous venons de nommer, pendant deux siècles, il n'y eut pas de légiste, de philosophe, d'homme de loi ou de controversiste un peu en renom, qui fût arrivé à la gloire, sans avoir essayé de la traiter en se plaçant à un point de vue nouveau, ou avec des arguments encore inédits.

Bref, la crainte d'un mal avait fait tomber le pape dans un pire.

Dans l'intention assurément louable de couper court à toute guerre entre les Espagnols et les Portugais à propos de leurs possessions d'outre-mer, sans y réfléchir et sans s'en douter, il avait créé un état de choses dont, vingt-cinq ou trente ans plus tard, le résultat devait être de mettre l'Europe entière en conflit d'intérêts avec ces deux peuples.

Quoi qu'il en soit donc, cette bulle fut cause qu'à

2.

partir de 1494, l'Europe ne pouvait espérer de communiquer librement avec les Indes qu'à la condition d'obliger le Portugal et l'Espagne à y consentir, c'est-à-dire qu'après avoir brisé les résistances que ces deux pays lui opposaient à ce sujet.

Avec le Portugal, l'affaire n'avait pas été longue. Dès les premières années du xviie siècle, vaincu par la Hollande, il avait été mis dans l'impossibilité de soutenir les armes à la main sa prétendue souveraineté sur toutes les contrées à l'est de la ligne des Açores. A partir de cette époque, les Indes proprement dites et la Chine pouvaient donc être regardées comme ouvertes, dans la réalité, à tous les commerçants et à tous les aventuriers européens, sans distinction de nationalité.

Mais, si quelques batailles navales avaient suffi pour obtenir ce résultat, on comprend qu'il avait été loin d'en être de même avec l'Espagne, incomparablement plus forte sur mer et qui, d'autre part, jouissait en Europe d'une puissance qu'il n'aurait pas été prudent d'affronter.

L'Espagne était si peu disposée à renoncer à tous ses droits sur les pays à l'ouest de la ligne, qu'elle saisissait, au contraire, toutes les occasions possibles de les affirmer avec la plus inébranlable obstination. Afin même de bien convaincre tout le monde qu'elle n'entendait pas les laisser périmer en quoi que ce fût, comme en dépit de ses défenses, des émigrants hollandais, anglais, mais surtout français, allaient fonder des « habitations » de l'autre côté de l'Océan, de temps en temps elle faisait partir des escadres avec mission de parcourir les côtes du continent américain et les îles, et de détruire toutes les colonies qui avaient pu s'y fonder en violation de ses droits. C'est même dans une expédition de ce genre, sous Charles IX, qu'un établissement très prospère, créé par des Français dans les Florides, avait été impitoyablement anéanti : tous les hommes pendus, les plantations détruites, les maisons brûlées. Tout Européen non Espagnol que les Espagnols rencontraient dans ces parages était en principe considéré par eux comme forban et, sans plus de façons, traité immédiatement comme tel.

Si la situation avait été modifiée du côté des Indes orientales, c'est-à-dire au regard des possessions portugaises, on voit que pour l'Europe, du côté des Indes occidentales, elle était aussi mauvaise que possible ; et nous le répétons, vu la puissance de l'Espagne, il n'y avait pas à compter l'améliorer par la force des armes. On conçoit en conséquence dans quel embarras devaient se trouver sur ce point les nations européennes.

Sous François Iᵉʳ, sous François II, sous Charles IX, sous Henri III, de nombreuses démarches, dont la France, toujours chevaleresque, avait pris l'initiative, avaient bien été tentées auprès de la cour d'Espagne, dans le but de lui tirer quelque adoucissement à cet état de choses; lequel était d'autant plus préjudiciable à toute l'Europe occidentale qu'il y avait alors chez ses peuples une tendance marquée à une émigration dans la direction de l'Amérique. Mais tout avait été en pure perte. Les Espagnols s'étaient absolument refusés à entendre à rien.

La seule concession que Henri IV avait réussi à leur arracher de ce côté, et encore n'avait-elle été qu'en faveur de la France, consistait en un article secret du traité de Vervins (1598). Et cet article va montrer combien l'Espagne prétendait rester inflexible dans le maintien intégral de ses droits.

Il spécifiait simplement en effet que, dépassé une ligne tirée de l'île de Fer, la plus occidentale des Canaries, et rejoignant les deux pôles, ligne que l'on appela « la ligne des Amitiés », tout serait à la force; en d'autres termes que toute tentative des Français au delà de cette ligne serait à leurs risques et périls, et que les dommages qu'eux ou les Espagnols éprouveraient là-bas du fait les uns des autres n'influeraient en rien sur les relations des deux pays en Europe : aucun des deux gouvernements ne pouvant jamais adresser de ce chef la moindre réclamation à l'autre.

On s'imaginerait peut-être aujourd'hui que cet article n'était dans le fond qu'un leurre et qu'il représentait peu de chose, puisqu'en allant commercer ou coloniser au delà de cette ligne, un Français avait tout à craindre de l'Espagne. Et cependant cette puissance était alors si redoutable, que cette concession fut regardée à l'époque comme une victoire considérable.

Chacun estima, en effet, que c'était beaucoup que la France n'eût rien à souffrir sur son propre territoire de ce que ses enfants aventureux iraient tenter de l'autre côté de cette ligne des Amitiés, qui, trente-sept ans plus tard, par un édit de Louis XIII, devait devenir notre méridien et par la suite celui de tout le monde civilisé. En résumé, c'était le champ ouvert à l'audace, c'était la faculté accordée aux Français de tout entreprendre là-bas, pourvu qu'ils fussent en état d'y résister aux Espagnols et, si ces derniers venaient les y attaquer, de les repousser.

A propos de cette ligne des Amitiés, qu'on nous permette une remarque. Il est rare qu'en parcourant l'histoire militaire du xviie et même du xviiie siècle, on n'ait pas été fréquemment surpris du grand nombre d'hommes de mer de premier ordre qui existaient alors, et surtout de la foule de corsaires audacieux et capables qui s'élançaient de nos ports de Normandie ou de Bretagne, chaque fois que la France entrait en guerre avec une puissance maritime. Plusieurs se sont même souvent demandé pour quelle raison ce que nous appellerons la marine privée, en courage, en intelligence pratique ou en capacités, dépassa presque toujours à cette époque la marine proprement dite de l'État. Eh bien, la réponse est des plus aisées : tout était dans cet article secret du traité de Vervins édictant, au delà du méridien de l'île de Fer, l'état de guerre entre les navires espagnols et les navires français [1].

Il est de la dernière évidence qu'avec l'obligation, pour nos navires marchands qui allaient naviguer dans ces parages, de rester sur un perpétuel qui-vive et d'être toujours prêts à lutter contre les Espagnols, tous les armateurs avaient été conduits à ne vouloir que des équipages aguerris, et des capitaines non moins versés dans l'art des combats que

1. Lire dans notre troisième partie, *Notice* n° 1, page 176, un document officiel de l'époque, attestant qu'en juillet 1634, l'état de guerre, entre les vaisseaux de la France et de l'Espagne qui commerçaient aux Indes occidentales, était encore au plus haut degré d'acuité.

dans celui de la navigation. Et, d'autre part, comme, de l'autre côté de la ligne des Amitiés, il suffisait de s'emparer de quelque bon galion espagnol pour en être le légitime propriétaire, puisque aussi bien en Espagne qu'en France il était regardé comme de bonne prise, il est inutile de faire ressortir quel aliment la perspective de semblables aubaines devait offrir à l'imagination des marins de tous nos petits ports, et combien il y avait là de quoi centupler leur audace. Somme toute, en ce qui concerne notre marine privée, l'article secret du traité de Vervins avait fait, de la partie de l'Océan située par delà la ligne des Amitiés, une immense arène où nos navires marchands avaient constamment à combattre, et où en tout temps des corsaires pouvaient se former, acquérir de l'expérience et donner toute liberté et toute carrière à leur tempérament.

IV

Négociations entamées par la France avec la Papauté, pour lui faire accorder à nos colonies sa protection contre l'Espagne. — Caractère en apparence exclusivement catholique donné à nos établissements coloniaux. — Clauses insérées dans les chartes à ce sujet. — Plus tard, ces clauses restèrent les mêmes; mais elles étaient alors dirigées contre les protestants, en raison de leurs sympathies pour leurs coreligionnaires anglais et hollandais. — Exception faite en faveur des juifs. — En résumé, la France s'est trouvée, au XIXᵉ siècle, dans des conditions cent fois plus favorables qu'au XVIIᵉ pour fonder des colonies.

Ainsi, outre que l'intérieur des terres où nous étions disposés à aller fonder des colonies était encore à connaître, toutes ces terres relevaient de la Couronne espagnole, laquelle s'opposait absolument à ce que nous y fissions des établissements.

Cependant, du moment que nous signalons les difficultés que les pays des Indes occidentales offraient à une politique coloniale de la France, il y a une particularité sur laquelle, bien que des détails précis manquent, il n'est pas inutile que nous disions un mot.

Quoiqu'il ne fût pas douteux que l'article secret du traité de Vervins constituât un réel progrès, il n'en faut point conclure que notre royauté s'en était contentée. On comprend, au contraire, que le plus ardent de ses désirs avait dû être que le courant d'émigration qui, dès les quinze premières années du xviie siècle, s'était dessiné chez nous vers les Antilles et le continent américain, ne fût pas en butte, là-bas, à l'hostilité ou aux déprédations des Espagnols. Continua-t elle à négocier en conséquence, de manière à obtenir de l'Espagne une sorte de *modus vivendi* pour les établissements que nous créerions dans ces contrées, et se heurta-t-elle à un *non volumus* aveugle? Toutes les probabilités sont que quelque chose dut être tenté par elle dans ce sens et qu'elle fut complètement déboutée de sa demande. Ce que l'on sait en tous cas pertinemment, c'est qu'elle se tourna vers la papauté pour avoir ses bonnes grâces en faveur de nos colonies.

Pourquoi, en cette circonstance, nous adressâmes-nous au pape? Comme, après tout, les droits dont se prévalait l'Espagne sur le nouveau monde n'avaient d'autre fondement qu'une concession papale, serait-ce que nous désirions nous ménager auprès de la curie romaine une médiation bienveillante et autorisée, devant laquelle, à un certain moment, l'Escurial aurait été obligé de s'incliner? Visant au contraire plus loin, songions-nous, par exemple, à provoquer, au sujet de la bulle d'Alexandre VI, une interprétation qui fût conforme à nos intérêts? Il ne sera possible de se prononcer positivement à ce sujet que lorsque les archives du Vatican auront livré tous leurs secrets.

En attendant, nous le répétons, ce qui est certain, c'est que des pourparlers, à propos de nos colonies des Indes occidentales, furent engagés par Richelieu. Et, quoique dans nos études historiques nous nous fassions une loi de nous garder de toute assertion hasardée, nous n'hésitons pas à dire que ce fut très certainement à ces pourparlers qu'il faut attribuer le caractère de propagande religieuse systématiquement donné *sur le papier* à toutes les entreprises de colonisation que nous tentâmes alors.

Ce caractère, sur lequel les chartes ne manquaient jamais d'insister, ne saurait évidemment s'expliquer d'une autre façon.

Comme exemple de l'affectation qu'affichait notre royauté à cet égard, il n'y a qu'à citer le préambule de la Déclaration signée en mai 1628 en faveur

de la Compagnie qui s'organisa pour la colonisation
du Canada [1]. C'est le spécimen le plus concluant
que l'on puisse produire :

Comme il est de la gloire de Dieu et du bonheur de
cet Estat, y dit en effet le roi, que les soings que nous
prenons de travailler pour l'advancement de la religion
catholique, apostolique et romaine ne soient pas bornés
dans la seule estendüe de la France, mais qu'en imitant
ce grand saint duquel nous portons le sceptre et le nom,
nous fassions en sorte que la renommée des François
s'espande bien loing dans les terres estrangères et que
leur piété soit publique par la conversion des peuples
ensevelis dans l'infidélité et dans la barbarie ; cette
pensée nous a fait souvent jeter les yeux sur les peuples de l'Amérique, habitans de la *Nouvelle France*
dite *Canada,* et renouvellé le désir de procurer leur
conversion.

Quant à ces paroles du préambule, elles étaient
corroborées dans le corps de la Déclaration par une
disposition ainsi conçue :

Pour vacquer à la conversion des sauvages et conso-
lation des François qui seront à la *Nouvelle France,* y

1. Voir à notre 3ᵉ partie, *Notice* nᵒ 3, page 185 et suivantes,
le texte complet de cette charte.

aura trois ecclésiastiques au moins en chacune habitation [1] qui sera construite, lesquels lesdits associés de la
Compagnie seront tenus loger, fournir de vivres, ornemens et généralement les entretenir de toutes choses
nécessaires tant pour leur vie que fonctions de leur ministère, si mieux n'aiment lesdits associés, pour se décharger de ladite dépense, distribuer aux ecclésiastiques des terres défrichées suffisantes pour leur entretien.

Il n'y aurait que ce seul cas, qu'il ne serait assurément pas nécessaire de s'y arrêter davantage ;
mais, comme des articles analogues figurent dans
toutes les chartes sans exception qui furent octroyées à cette époque [2], on est en droit de penser qu'il
dut y avoir là, sinon quelque condition convenue
avec le Vatican, du moins une manœuvre destinée à
agir sur lui et à l'obliger moralement, à l'occasion,
de prendre le parti de nos colonies contre l'Espagne.

Nous savons bien qu'on pourrait peut-être, à ce
propos, nous faire l'objection que, plus tard, lorsque
les Espagnols eurent renoncé en fait à leur souve-

1. Ce mot *habitation* n'a nullement ici le sens qu'on lui attri-
buerait de nos jours. On l'employait alors pour désigner un
centre de colonisation.

2. Voir à cet effet dans notre 3ᵉ partie, *Notice* n° 3 (p. 184-255),
le texte d'un certain nombre de ces chartes.

raineté absolue sur le nouveau monde, des clauses
de même genre continuèrent à être insérées dans
les chartes nouvelles. Voici effectivement ce que dit
le roi dans une charte de concession des « isles de
l'Amérique » :

Lesdits associés ne feront passer èsdites isles, colonies
et habitations, aucun qui ne soit naturel françois et ne
fasse profession de religion catholique, apostolique et
romaine, et, si quelqu'un d'autre condition y passoit par
surprise, on l'en fera sortir aussitost qu'il sera venu à
la connoissance de celui qui commandera dans ladite
isle [1].

Mais, si l'on prend soin de remarquer qu'en regard
de ces dernières clauses, une exception formelle existait en faveur des juifs [2], force est de reconnaître
qu'elles étaient étrangères à une préoccupation religieuse quelconque, et qu'elles étaient dictées par une
intention de même nature que précédemment ; c'est-
à-dire que, quoiqu'elles n'eussent plus alors pour
objet comme autrefois de mériter la bienveillance du

1. Nous donnons le texte de cette charte dans notre 3e partie, *Notice* n° 3, p. 196.
2. Dans notre 3e partie, *Notice* n° 2, page 180, on trouvera
quelques détails à propos de l'exception en faveur des juifs et
du caractère politique de l'interdiction des colonies aux protestants.

pape, elles n'en avaient pas moins été introduites dans les chartes dans un but également politique.

Ces clauses, en effet, visaient les protestants dont le roi ne voulait à aucun prix aux colonies; et cela dans la crainte, justifiée par de trop nombreux traits, qu'en raison de leurs affinités religieuses avec les Anglais et les Hollandais, nos mortels ennemis sur mer, ils ne fussent entraînés à nous trahir à leur profit.

Il nous est mpossible, faute de preuves, de savoir si oui ou non la France eut jamais à retirer quelque avantage de la politique que Richelieu crut bon de suivre avec la papauté à propos de nos colonies. Quand on considère cependant qu'en 1632 et 1634 les Espagnols ravageaient encore tous ceux de nos établissements du nouveau moude qui n'étaient pas en sérieux état de défense, on est obligé de convenir que, de 1626 à 1628, époque où Louis XIII et Richelieu accordèrent leur première série de chartes, dont toutes celles qui suivirent, même sous Louis XIV, ne furent que la reproduction, — on est obligé de convenir, disons-nous, que toutes nos tentatives de colonisation au delà de l'Atlantique devaient être regardées alors comme étant, au vu et su de tout le monde, soumises aux plus grandes difficultés.

Non seulement, en effet, les terres où nous pouvions

avoir l'idée de nous établir étaient en grande partie à découvrir et à explorer; non seulement il nous fallait, pour nous y installer, nous imposer aux indigènes ; mais le soin de notre sécurité nous commandait en outre de nous y retrancher fortement, puisque à chaque instant des escadres espagnoles pouvaient venir nous y attaquer. Et nous ne parlons point des dangers qu'à l'aller comme au retour nos navires couraient de tomber sous les coups de ces mêmes escadres, lesquelles dans ce temps-là, comme on sait, passaient à juste titre pour les plus aguerries et les plus puissantes du monde civilisé.

Si nous résumons donc ce qui vient d'être dit, afin de revenir à notre point de départ, dont l'objet était d'avoir une première base de comparaison entre l'ancien régime et le XIXe siècle, — après les détails dans lesquels nous venons d'entrer, il ne saurait subsister l'ombre d'un doute sur ce fait : qu'au XVIIe siècle, lorsque l'ancien régime voulut acquérir des colonies dans les Indes occidentales, il se trouva dans des conditions cent fois moins favorables que celles où nous avons été nous-mêmes, lorsqu'il s'est agi pour nous de nous emparer de l'Algérie, de la Cochinchine, du Sénégal ou du Tonquin. Car non seulement, avec ces pays, nous n'avons pas eu à aller à l'aventure et nous savions où nous allions,

non seulement encore pour les réduire nous possédions des moyens d'action de beaucoup supérieurs
à ceux dont disposaient leurs défenseurs; mais ce
qui est peut-être encore plus décisif, c'est que nous
n'avons eu affaire chez eux qu'aux indigènes seuls,
sans que la nation la plus forte de l'Europe se dé-
clarât contre nous, comme au XVIIe siècle, et fut
prête à nous en disputer la possession.

Si l'on tient à savoir combien l'opposition de
l'Espagne devait être alors dangereuse, il n'y a qu'à
s'imaginer les difficultés et les obstacles que nous
aurions eu à surmonter, si, au XIXe siècle, pour l'acquisition de nos colonies, il nous avait fallu lutter
directement contre l'Allemagne ou les Anglais.

V

Étant donné les conditions dans lesquelles se trouva Louis XIII, il est clair, s'il avait été imbu de nos idées, qu'il se serait conduit comme nous l'avons fait nous-mêmes, pour se créer des colonies. — Tout aurait été fait aux frais de l'État et par l'État lui-même. — Lui, au contraire, partit de ce principe que l'État ne devait rien dépenser et que tout devait être fait avec les deniers et par l'initiative des particuliers, le gouvernement ne devant intervenir que pour donner des encouragements.

A présent que nous avons mis en lumière les conditions dans lesquelles, au xviie siècle, notre pays était placé pour se créer des colonies, nous pouvons aborder délibérément notre sujet.

Étant donc donné que Louis XIII, car il va être question ici des principes de politique coloniale inaugurés sous son règne et que ses successeurs ont adoptés pour ainsi dire sans le moindre changement [1],

1. On s'en assurera en parcourant, dans notre 3e partie, la *Notice* nº 3, pages 184-255, où nous avons reproduit une série de chartes allant de 1626 à 1717.

3.

étant donc donné, disons-nous, que Louis XIII avait conçu l'idée d'ajouter d'importantes possessions coloniales à son royaume de France, il y a une question que nous prions nos lecteurs de se poser : c'est de se démander de quelle façon ce monarque s'y serait pris, s'il eût été inspiré des mêmes idées que les hommes qui nous ont gouvernés depuis la Révolution. La question posée, il va de soi que la réponse n'est pas bien difficile à trouver. Pour savoir comment il s'y serait pris, en effet, il n'y a qu'à ouvrir les yeux et qu'à considérer tout ce que, dans les mêmes circonstances pendant le xixe siècle, il a été fait par nous.

On peut affirmer tout d'abord, sans crainte d'être démenti, que Louis XIII aurait organisé deux ou trois escadres imposantes, capables, sinon de détruire, du moins de tenir en respect celles que l'Espagne aurait entretenues par delà la ligne des Amitiés. Ces escadres, montées par des gens levés et payés aux frais du roi, auraient reçu pour mission d'explorer l'Océan et d'arborer le pavillon fleurdelisé sur toutes les terres qu'il leur aurait été donné de rencontrer. Une île ou un territoire découverts auraient-ils par exemple été jugés dignes d'une occupation fixe? Par ordre des amiraux, des troupes y auraient été débarquées dans le but de soumettre les indigènes à

notre domination et de les mettre dans l'impossibilité de nous nuire. Et, à ce propos, comme aussi
afin d'être en mesure de repousser les agressions des
Espagnols, des forts y auraient été construits, qu'on
aurait abondamment pourvus de canons et d'ap-
provisionnements. . .

Une fois ces opérations préliminaires terminées,
on ne se serait pas arrêté là.

Le roi ou ses ministres se seraient ensuite em-
pressés d'adresser un appel aux habitants de la
métropole, pour les inviter à aller coloniser les contrées nouvelles ; dans cet appel, on leur aurait déduit
par le menu tous les avantages qu'ils pouvaient avoir
à s'y rendre. Il est même probable, car les choses se
sont à peu près passées ainsi pour quelques-unes
de nos colonies, que le gouvernement se serait mis
à la disposition des émigrants pour leur faciliter le
transport et les aider dans leur établissement.

Il n'est pas nécessaire d'ajouter qu'en arrivant
là-bas, les colons auraient trouvé le pays doté d'une
administration tout à fait taillée sur le modèle de
celle de France : préfets ou gouverneurs, institu-
teurs, juges, percepteurs, ingénieurs des travaux
publics, agents de la police, etc., tous fonctionnaires, très grassement rétribués. Enfin, dans le cas
où il aurait existé alors quelque chose d'approchant

de nos crédits fonciers ou de nos banques d'émission, nous nous dispensons de dire qu'avant le départ du premier colon, le monopole de ces institutions financières aurait très certainement été concédé à quelques particuliers, bien en cour, et qu'en vue de faciliter aux concessionnaires le placement de leurs actions, sous prétexte de risques à courir, le roi leur aurait directement ou indirectement accordé quelque garantie d'intérêt, etc.

Si nous ne sommes pas victimes d'une illusion complète, si Louis XIII, au lieu de vivre, au xviie siècle, eût vécu au xixe et qu'il eût partagé notre manière de voir, c'est évidemment de la sorte qu'il aurait procédé. On peut supputer en conséquence à quel prix ses acquisitions coloniales lui seraient revenues. La majeure partie des finances et des forces de l'État auraient été consommées dans ces entreprises, et le gouvernement métropolitain se serait dès lors totalement trouvé démuni pour les affaires du continent.

Mais comment cela se fit-il? Est-ce parce que Louis XIII, le Louis XIII de Richelieu, était beaucoup moins avancé que les hommes d'État du xixe siècle, ou que, singulièrement parcimonieux des deniers publics, ç'aurait été à ses yeux une folie pure de prendre à son compte des dépenses, des travaux

ou des responsabilités, dont il lui paraissait plus rationnel et équitable de laisser la charge aux individus
appelés à en bénéficier?

Ne serait-ce point plutôt qu'il entrât assez cou-
ramment dans les principes de l'ancienne monarchie française de tabler autant que possible sur l'i-
nitiative individuelle ou collective des citoyens, tandis que les gouvernements issus de la Révolution ou
plutôt de la Constitution de l'an VIII, — car il y a
là une distinction qu'on ne fait pas assez, — ont
au contraire pour maxime politique de se substituer
en tout et pour tout au public, agissant à son sujet
comme si l'on ne pouvait compter en rien sur lui, et
qu'il fût absolument incapable de la moindre action
raisonnable? Ce sont là autant de problèmes que
nous laissons à d'autres le soin d'examiner.

En tous cas, ce qui est manifeste et ce dont on sera
étonné tout à l'heure, c'est que l'on va voir ce monarque, pour ce qui était de l'organisation d'une
forte colonisation française aux Indes occidentales,
s'arranger d'une façon toute particulière, sans
ressemblance aucune avec ce qui a eu lieu de nos
jours. On constate, en effet, lorsque l'on étudie sa
conduite, que, pour réaliser le but qu'il s'était proposé, il s'est conduit tout à fait au rebours de nous.
On dirait qu'il s'était avant tout tracé pour règle de

ne consacrer à l'affaire aucun denier de l'État ni la moindre parcelle de ses forces, et de faire en sorte que les frais d'exploration, de peuplement, d'occupation et d'administration des colonies nouvelles, incombassent exclusivement à la bourse des particuliers.

Est-ce à ce parti pris d'économie qu'il faut faire remonter l'idée première de la création de ces compagnies, qui ont été en somme la cheville ouvrière de la politique coloniale de l'ancien régime, compagnies qui devaient être chargées de tout, et derrière lesquelles le roi se contentait de rester pour les encourager, les soutenir ou les pousser? nous l'ignorons.

Ce dont néanmoins on sera émerveillé dans un instant, ce sera des moyens dont le roi fit usage en cette circonstance, et qui étaient des plus topiques, des plus ingénieux, en même temps que des plus pratiques. Quand on les prend séparément et qu'on en considère toute la portée, il n'y en a pas un, en effet, qui ne fasse le plus grand honneur à son inventeur.

VI

Comme il y avait encore beaucoup de terres à découvrir, le roi arrêta comme ligne de conduite que ceux qui feraient des découvertes en auraient la concession. — Il s'épargnait ainsi une dépense relativement importante. — Mais, comme en dehors des frais de recherches et de découverte, il y avait à mettre les pays en état de défense et en exploitation, ce qui demandait beaucoup d'argent, il s'arrangea pour que les capitaux fussent fournis par les particuliers.

Voici effectivement comment procéda Louis XIII.

En premier lieu, pour simplifier et comme il fallait mettre de l'ordre dans l'œuvre qu'il s'agissait d'accomplir, une sorte de division fut arrêtée dans les conseils du roi, entre toutes les terres du nouveau monde, c'est-à-dire des Indes occidentales, qu'on nourrissait le projet de découvrir, d'annexer à la Couronne et de coloniser.

D'un côté fut d'abord rangé le continent proprement dit, que l'on connaissait en gros, — nous parlons ici de l'Amérique du Nord, — vu que, depuis dix-huit années (nous sommes en 1626), nous y possédions un établissement que, dans la crainte de lui voir éprouver le même sort qu'à celui des Florides, nous étions allés cacher dans l'intérieur, en remontant le Saint-Laurent, et auquel avait été donné le nom de Québec. Fondé par Champlain, qui avait obtenu de Henri IV la concession du territoire, cet établissement, depuis ses commencements et pour des causes diverses, n'avait jamais fait que végéter. L'idée de Louis XIII était de le confier aux mains d'une compagnie puissante, disposant de grandes ressources, et qui pût, non seulement lui donner la plus grande extension, mais encore englober dans ses opérations, si faire se pouvait, le continent tout entier.

Puis, en dehors du continent américain, on mit les îles, que des navigateurs avaient signalées en nombre infini, sans toutefois les avoir toutes reconnues, et sur lesquelles on manquait d'indications précises.

Or, en ce qui regardait ces îles, puisque Louis XIII avait un vif désir de les placer sous son sceptre, il est clair qu'en raison de l'ignorance relative où l'on était à leur sujet, un premier travail était avant tout à faire, après lequel seulement il pouvait être possible

de songer à la colonisation; travail consistant à
fouiller l'Océan pour les découvrir, à les relever au
point de vue géographique, et à en prendre possession au nom et pour le compte du roi de France.

A la lecture de l'extrait suivant de l'exposé des
motifs d'une charte de concession en date de 1633[1],
on devinera de quelle manière Louis XIII et Richelieu
crurent bon d'agir pour faire exécuter ce premier
travail de découverte et de prise de possession :

Sa Majesté, dit Richelieu, nous ayant donné pouvoir
d'instituer, créer et establir pour la découverture des pays
lointains tout ce que nous jugerons à propos pour l'augmentation de la monarchie françoise, mesmes de gratif-
fier autant que faire se pourra les personnes qui s'adon-
neront à la navigation et notamment à la recherche des
isles et des pays non habités, où l'autorité de Sa Majesté
n'est encore reconnue, afin de leur donner moyen de
subsister et supporter les dépenses qu'ils feront à ce
sujet, et sur ce que le sieur Guillaume de Caen nous a
rapporté avoir envoyé de ses vaisseaux aux Indes occidentales pour reconnoistre quelques lieux ou isles

---

1. Nous n'avons pas cru utile, pour abréger, de reproduire
entièrement cette charte; mais, à titre d'autre exemple, dans
notre 3ᵐᵉ partie, *Notice* nᵒ 4, nous publions la première des
chartes qui aient été octroyées par Louis XIII.

propres à faire habitations, les pilotes desquels vaisseaux ont fait la découverture de quelques petites isles
contiguës nommées Inaque, Ibaque, Mergane, Guanasiany et Citatur, èsquelles l'on se pourra établir en les
fortiffiant et y faire quelque traite de marchandises qui
se pourront trouver en icelles propres pour débiter en
ce royaume, lesquelles isles il désire faire habiter, y
faire construire des forts pour les conserver sous l'autorité de S. M. et la nostre, pourvu qu'il nous plaise lui
en vouloir faire don en propriété, afin de se pouvoir
récompenser de partie des grands frais qu'il a faits depuis longues années qu'il s'est adonné continuellement
à la navigation et découverte de terres esloignées, et qu'il
sera obligé de faire pour les conserver à l'advenir ; à
ces causes, etc., etc.

Bref, Louis XIII et Richelieu, soucieux de la voie
la meilleure, la plus efficace et aussi la plus économique pour amener la recherche de ces îles et y
faire planter le pavillon de France, n'avaient rien
trouvé de mieux que d'ériger en principe que les
marins aventureux qui iraient à la découverte de
terres nouvelles, ou les armateurs qui y enverraient
leurs vaisseaux, jouiraient d'une sorte de droit d'obtenir, préférablement à toute autre personne, la concession des terres dont ils prendraient possession.

Leur calcul se trouva si juste, qu'il n'en fallut pas

davantage pour qu'en quelques années. il se créât à Dieppe, au Havre, en un mot dans nos petits ports de Normandie et de Bretagne, toute une flottille de « découvreurs » volontaires. L'assurance d'avoir pour eux les îles qu'ils rencontreraient avait ouvert des horizons sans fin à nos pêcheurs du littoral.

C'était déjà là un premier point résolu.

Cependant, sans chercher à diminuer la valeur du concours que les marins pouvaient apporter en cette circonstance, d'autant plus que, pour se lancer ainsi sur mer, ils avaient besoin d'une énergie peu commune et d'une audace à toute épreuve; car les vaisseaux espagnols qu'ils risquaient de trouver sur leur chemin n'auraient pas été tendres, — une réflexion n'en vient pas moins à l'esprit, c'est que, si ces marins avaient été abandonnés à eux-mêmes et à leurs seules forces, leurs découvertes et toutes leurs prises de possession n'auraient jamais pu servir qu'à l'avancement de la science géographique.

Il saute effectivement aux yeux que le fait de découvrir une terre et celui d'en prendre possession constituaient alors deux choses absolument secondaires, puisque l'Espagne se refusait à nous reconnaître la souveraineté des contrées où nous pouvions aborder, et qu'elle nous disputait même hautement le droit de nous y établir?

Dans ces conditions, il est évident qu'au fond le grand point, le point essentiel et capital, était qu'en même temps qu'on faisait la découverte d'une île et que l'on en prenait possession, on pût être à même de s'y fortifier de façon à n'en être pas expulsé, c'est-à-dire d'y bâtir des forts, d'y réduire les indigènes, et de travailler pacifiquement à la culture et à la mise en valeur des terres et du pays. On ne peut nier en effet que, sans cela, tous les travaux de recherche et de prise de possession ne pouvaient qu'être inutiles et en pure perte. Mais c'était là une chose qui entraînait forcément à de grandes dépenses, lesquelles exigeaient de l'argent, beaucoup d'argent, justement ce dont les découvreurs devaient manquer le plus, ou qu'en tous cas il fallait peu songer à leur demander.

Il n'est pas douteux, si le gouvernement de Louis XIII avait voulu intervenir en cette rencontre, que la difficulté n'aurait pas été longue à aplanir ; il lui aurait suffi de détacher quelques régiments et d'ouvrir les caisses du trésor; mais on sait qu'il était animé d'idées toutes différentes. La question était donc des plus complexes. Puisque Louis XIII ne voulait rien donner personnellement, il n'avait plus qu'à essayer de mettre les capitalistes à contribution, de la même manière qu'il venait de le faire pour la marine privée, et qu'à les amener par suite à prêter leur collaboration à l'œuvre de nos marins, en leur fournissant précisément l'argent susceptible de leur faire défaut. C'est ce à quoi il se résolut.

Or, si l'on veut bien y réfléchir, ce n'était pas là une petite affaire. Indépendamment que le capitaliste est généralement circonspect, ces entreprises de colonisation représentaient, en effet, un genre de spéculation exposé aux plus grands aléas, n'y aurait-il eu que ceux pouvant provenir de l'Espagne.

On suppute en conséquence quels préjugés, quelles craintes et quelles résistances, Louis XIII et Richelieu avaient à dissiper avant de décider le public à entrer dans les compagnies qu'il allait être nécessaire de créer, c'est-à-dire pour arriver à ce qu'il consentît à pourvoir leur politique coloniale des capitaux dont elle allait avoir besoin. Et cependant, bien loin de paraître en avoir été découragés, on dirait que ces obstacles n'eurent d'autre résultat sur ces deux grands hommes politiques que de leur faire déployer un génie inventif tout à fait en rapport avec les nécessités de la situation.

VII

Moyens employés par Louis XIII et Richelieu pour engager
les capitalistes à entrer dans les affaires de colonisation. —
Le roi montre d'une façon indirecte qu'il s'y intéresse personnellement. — Il autorise la noblesse, le clergé et les
grands fonctionnaires à s'en·mêler sans crainte de déchéance.
— Il accorde des lettres de noblesse aux bourgeois qui sous-
crivent le plus d'actions. —Droits de souveraineté et de propriété attribués aux compagnies sur toutes les terres de leur
concession. — Franchises fiscales, etc. — Effets que tous ces
avantages et tous ces privilèges devaient naturellement produire pour la souscription des actions.

Quand on suit pas à pas la conduite de Richelieu
et de Louis XIII, et que l'on pèse les moyens dont
ils firent usage pour attirer les détenteurs de
numéraire dans les affaires de colonisation, on est
littéralement stupéfait de l'habileté et de l'esprit
pratique qu'ils déployèrent. Ce serait presque à croire
qu'ils avaient commencé, dans le silence du cabinet,
par se livrer à une étude méthodique des différentes

catégories d'actionnaires ou de commanditaires à
la porte desquels on pouvait frapper avec chance
de succès, et qu'ils avaient ensuite longuement délibéré avec eux-mêmes sur les moyens spéciaux les
plus propres à obtenir le concours de chacune de ces
catégories de personnes et à lui extorquer son argent.

. A cet égard, la lecture des chartes qu'ils octroyèrent
à ce moment-là est des plus intéressantes. Car c'est
là surtout où leur adresse apparaît et où leur esprit
de ressources se montre en plein [1].

On peut dire qu'en somme tous les moyens leur
parurent bons.

Ainsi, quoiqu'il ne serait peut-être pas permis
d'affirmer positivement que, lors de la constitution
des petites compagnies qui se créèrent à l'occasion
d'îles concédées à tels ou tels particuliers, le gouvernement de Louis XIII se soit ouvertement entremis
dans le but de procurer à chacune d'elles les bailleurs
de fonds qu'il lui fallait, quelque chose cependant
donne tout droit de le supposer. Ce sont les documents de l'époque qui nous ont été conservés.
Attendu que tous nous montrent « Monseigneur
l'Éminentissime Armand-Jean Duplessis, cardinal,

---

1. Notre 3ᵉ partie, *Notice* nᵒ 3, pages 184-255, renferme quelques-unes de ces chartes.

duc de Richelieu et de Fronsac », assistant *en personne* à la plupart des actes de société ou de commandite passés, à propos de ces petites compagnies, devant « les notaires et gardes-nottes du Roy ».

Un cas, toutefois, où l'on ne saurait mettre en doute qu'une action fut directement exercée, c'est quand fut fondée la compagnie qui devait avoir pour objet la colonisation de la *Nouvelle France*, c'est-à-dire du Canada. Car la Déclaration royale rendue à cette occasion explique avec détail, dans son préambule, qu'avant la constitution de la société, Richelieu avait fait « assembler nombre de personnes de vertu et de courage, entendües au fait de la navigation, qui pourroient fournir les dépenses des embarquemens nécessaires pour mettre à chef une si haute et si sainte entreprise ».

Ce serait faire injure à la perspicacité de nos lecteurs que d'insister sur tout ce qu'il y avait de profonde habileté dans cette intervention de Richelieu, derrière lequel, à moins d'être aveugle, il était impossible de ne pas voir la personne de Louis XIII.

On ne peut mettre en doute qu'une manœuvre de ce genre devait naturellement avoir comme double conséquence : de démontrer d'abord à tous les capitalistes que les entreprises de colonisation étaient assurées des bonnes grâces de la cour, puis surtout de forcer la main aux gens ayant de l'argent, qui avaient intérêt à plaire au roi. Le meilleur témoignage que ce dernier résultat ne manqua jamais d'être atteint, se trouve dans le fait constant de la présence, parmi les actionnaires de n'importe quelle compagnie, d'une certaine quantité de hauts fonctionnaires, dont la nomination ou l'avancement dépendait de la bonne volonté du roi.

Quoi qu'il en soit, il est aisé de concevoir que la certitude de faire par là quelque chose d'agréable au roi, n'aurait jamais suffi pour déterminer un assez grand nombre de personnes à porter leurs capitaux au guichet des compagnies et à leur procurer tout l'argent dont elles pouvaient avoir besoin.

Louis XIII et Richelieu l'avaient bien senti. Aussi, dans cette considération, avaient-ils compris la nécessité d'y ajouter l'appât de privilèges d'un certain genre, privilèges qu'ils avaient cru bon d'accorder à quiconque ferait des placements dans les sociétés de colonisation. Or, comme nos lecteurs vont s'en convaincre, ces privilèges étaient tous conçus de manière à attirer dans ces entreprises des bailleurs de fonds qui autrement n'y seraient probablement jamais venus d'eux-mêmes.

On en jugera par quelques exemples. Ainsi, les

4

chartes de concession accordaient aux « prélatz et autres ecclésiastiques, seigneurs et gentilzhommes, officiers soit du Conseil de Sa Majesté, soit des Cours souveraines », non seulement le droit d'être actionnaires ou commanditaires de compagnies de colonisation, mais encore celui d'aller s'établir en personne aux colonies et d'y faire le commerce, « sans diminution en rien de ce qui estoit de leur noblesse, qualitez, privilèges et immunitez ».

Aujourd'hui, nous sommes généralement très peu initiés à l'organisation sociale de l'ancien régime; c'est pourquoi l'on ne comprend peut-être pas du premier coup toute la portée d'une disposition de cette sorte. Mais à la réflexion on ne tarde pas à reconnaître que son importance pour l'époque était considérable. C'était, en effet, la liberté donnée à la noblesse, au clergé, aux grands fonctionnaires, d'entrer dans des affaires qui, de par les principes constitutifs du royaume, n'auraient dû être ouvertes qu'aux membres du tiers état; et par conséquen la faculté pour eux, soit dans le commerce ou les plantations aux colonies, soit dans les sociétés de colonisation par actions, de réaliser, sans crainte de déroger, des gains et des bénéfices qui, en toute autre circonstance, auraient été le privilège exclusif de la roture.

Grâce à cette mesure, les compagnies pouvaient espérer d'obtenir une certaine quantité de souscriptions de la noblesse, du clergé ou des hauts fonctionnaires. Cependant il n'y avait pas seulement les grands ordres de l'État ou les fonctionnaires importants qui eussent de l'argent disponible ou qu'on pouvait avoir intérêt à essayer de gagner, il y avait encore les commerçants et les bourgeois. En ce qui touche ces derniers, il est superflu de dire que Louis XIII et Richelieu étaient beaucoup trop avisés et trop pratiques pour n'avoir pas songé à eux. Nous ajouterons néanmoins que le moyen qu'ils employèrent à leur égard, pour les prendre, quoique d'un genre un peu différent, était tout à fait analogue à celui dont ils s'étaient servi à l'endroit des grands fonctionnaires, de la noblesse et du clergé. On s'en assurera de reste par les lignes suivantes, que nous empruntons à l'article 15 des statuts de la Compagnie de la *Nouvelle France* :

Et, en cas, dit en effet le roi dans cet article, que du nombre des dits associés de la dite Compagnie, il s'en rencontre quelqu'un qui ne soit pas d'extraction noble, nous voulons et entendons anoblir jusqu'à douze des dits associés ; lesquels jouiront à l'avenir de tous les privilèges de noblesse, ensemble leurs enfants nés et à naître en loyal mariage ; et à cet effet nous ferons fournir aux dits associés douze lettres d'anoblissement signées, scellées et expédiées en blanc pour les faire remplir des noms des dits douze associés, pour estre les dites lettres distribuées par nostre dit cousin, le cardinal de Richelieu, à ceux qui lui seront présentés par la dite Compagnie.

Ainsi, pour faire venir la noblesse, le clergé et les grands fonctionnaires, on leur offrait des avantages matériels qui auraient dû rester le monopole des roturiers, et, pour gagner les roturiers, on faisait miroiter à leurs yeux l'anoblissement. C'était on ne peut mieux combiné.

Comme il est supposable que les compagnies n'attribuaient guère les lettres de noblesse, accordées ainsi par le roi, qu'aux roturiers ayant souscrit le plus grand nombre d'actions, on devine quelle émulation devait sur ce point se produire entre eux. Ce devait être à qui la souscription serait la plus forte. Dans le cas de la Compagnie de la *Nouvelle France*, c'était, en réalité, une véritable mise aux enchères de douze lettres de noblesse.

En dehors de ces faveurs, des chartes en renfermaient encore plusieurs autres également destinées à faciliter aux compagnies la réunion de leur

capital. Dans certaines compagnies, par exemple,
« les officiers », c'est-à-dire les fonctionnaires, s'intéressant pour 20,000 livres, étaient dispensés de la
résidence dans la ville de leur charge, où, de par la
loi, ils auraient dû obligatoirement résider; ils
avaient de la sorte le droit d'habiter partout où il
leur plaisait, sans crainte de destitution. Dans d'autres, la même somme accordait au souscripteur le
droit de bourgeoisie dans n'importe quelle ville du
royaume où il lui convenait d'élire domicile.

Chose singulière, il n'est pas jusqu'aux étrangers
dont l'ancien régime n'ait sollicité l'argent pour ses
compagnies de colonisation. Les textes sont assez
clairs à ce sujet : tout étranger entrant pour une
somme déterminée dans une compagnie était « réputé
François et régnicole, pendant tout le temps qu'il y
demeureroit »; après vingt années, il jouissait dudit privilège « incommutablement, sans avoir besoin d'autres lettres de naturalisation »; et, pour le
cas où il mourait dans l'intervalle, ses parents,
quoique étrangers, avaient le droit de lui succéder
en tous les biens qu'il avait dans le royaume « sans
exception ». Le roi renonçait à son profit à ce
qu'on appelait le droit d'aubaine.

Si l'on veut bien considérer tout ce qu'il est possible de faire faire de nos jours avec une simple

4.

distinction honorifique, comme la croix de la Légion d'honneur, ou un avancement quelconque dans une des branches de notre fonctionnarisme, et si l'on prend surtout soin de se pénétrer des conditions sociales de l'ancien régime, au xviie siècle, on voit en un seul coup d'œil quelles primes relativement importantes les avantages dont nous venons de faire l'énumération devaient alors représenter. Mais ce qu'il est bon de faire observer, pour ce qui concerne ces avantages, et ce qui en forme d'ailleurs la caractéristique, c'est que, bien que dans la réalité ils constituassent un véritable sujet d'attraction pour les capitalistes, ils ne coûtaient pour ainsi dire absolument rien au roi.

Lorsqu'on se place au point de vue de l'époque, ces avantages dans l'espèce étaient effectivement très précieux, et, si avec cela un capitaliste pouvait être un seul instant persuadé que son argent ne courait aucun danger, il n'en fallait pas davantage pour qu'il regardât un placement dans ces compagnies comme le meilleur qui pût être fait.

Eh bien, justement, sous le rapport de la sûreté et des bénéfices, toutes les apparences avaient été accumulées, comme à plaisir, afin de faire croire au succès matériel de ces entreprises de colonisation ; attendu, en effet, qu'indépendamment des privilèges dont il vient d'être question, lesquels évidemment ne pouvaient s'adresser qu'à une certaine classe d'actionnaires, le roi en attribuait aux compagnies quelques autres, d'un ordre plus positif, dont on était en droit de conclure à la réalisation des plus gros profits. Il nous suffira de quelques mots pour expliquer en quoi consistaient ces privilèges. Ils étaient de différents genres.

En premier lieu, à chaque compagnie étaient concédées la seigneurie et la propriété de toutes les contrées spécifiées dans sa charte.

Cette concession n'était à perpétuité que par exception ; en tous cas, quand il en était ainsi, il y avait toujours quelque clause résolutoire qu'il était possible au roi d'invoquer. Le plus souvent, cependant, elle ne dépassait pas dix, vingt ou cinquante années, surtout dans les chartes octroyées par Louis XIII.

Mais, que la concession fût perpétuelle ou temporaire, les droits de seigneurie étaient absolus, en ce sens qu'ils équivalaient en tout à ceux d'un véritable souverain.

Ainsi, par exemple, la compagnie jouissait des droits de haute, basse et moyenne justice ; elle avait celui « de faire fondre canons et boulets, forger toute sorte d'armes offensives et défensives, faire poudre à canon et autres munitions, fortifier les places, construire des forts, avoir vaisseaux de guerre, pour les troupes de terre ou de mer, ou sur ses vaisseaux, choisir tels capitaines et officiers qu'elle jugeoit à propos »; enfin, elle avait le droit de traiter de la paix et de la guerre.

Les réserves faites par le roi portaient uniquement sur quatre points : 1º la foi et hommage qu'un délégué de la compagnie devait lui prêter ou avait à prêter à chacun de ses successeurs ; 2º la provision des officiers de justice souveraine, que la compagnie nommait ou présentait; 3º la nomination , s'il y avait lieu, d'un ·lieutenant général, mais il était entendu que ce lieutenant « ne pourroit en façon quelconque s'entremettre du commerce, de distribution des terres, ni d'exercice de la justice »; 4º enfin, l'obligation pour la compagnie, bien qu'elle eût toute liberté d'édicter tels règlements ou ordonnances qu'elle estimait nécessaires, l'obligation , disons-nous, d'exiger de ses juges qu'ils jugeassent d'après les lois et ordonnances du royaume, et de ses officiers, à quelque degré qu'ils fussent, qu'ils suivissent rigoureusement « la Coustume de la Prevosté et Vicomté de Paris, suivant laquelle les habitants devoient contracter, sans que l'on y pût introduire aucune autre coustume, pour éviter la diversité ».

Cette disposition à laquelle toutes les colonies de

l'ancien régime furent tenues de se conformer, explique pour quelle raison aujourd'hui encore on trouve la Coutume de Paris dans la plupart des contrées exotiques que nous avons colonisées et dont nous avons été dépossédés avant la Révolution.

Si de la seigneurie l'on passe maintenant à ce qui regardait le sol, les terres, la compagnie en recevait la propriété complète, exclusive, et jouissait, sans la moindre réserve, du droit d'en user, d'en disposer et de les concéder quand et comme elle voulait, et à qui elle entendait.

Même chose également pour le commerce qui pouvait être fait dans ses possessions. Le monopole lui en était entièrement acquis, à tel point qu'aucun « sujet françois ne pouvoit aller traffiquer aux ports, havres et rivières d'icelles, que du consentement par escript des associez et sur les congez à lui accordez sur le dit consentement, à peine de confiscation des vaisseaux et des marchandises de ceux qui iroient sans le dit consentement, applicable au profit de ladite Compagnie ».

. Quant aux autres privilèges, ils n'avaient généralement rapport qu'à des droits d'entrée et de sortie. On n'ignore pas qu'à cette époque, certaines marchandises ne pouvaient être exportées de France qu'après avoir acquitté certains droits, relativement très élevés, et qu'il en était de même de toutes celles que l'on voulait faire entrer. Eh bien, exemption de ces taxes était ordinairement accordée pour dix, quinze ou vingt années, à toute compagnie de colonisation. De sorte que durant cet espace de temps, elle avait la faculté d'importer en franchise dans le royaume tout ce qu'elle tirait de ses colonies, et d'exporter de France, sans avoir rien à payer, tout ce qu'elle jugeait utile d'en faire sortir pour les pays dont elle avait la concession.

Dans la suite de cette étude, nous aurons à revenir spécialement sur ces privilèges, de façon à faire voir les bénéfices qu'il était possible d'en retirer.

En attendant et pour l'instant, nous demanderons simplement à nos lecteurs de vouloir bien réfléchir sur ce point, que la concession de ces franchises fiscales, de ces droits de propriété exclusive et de cette souveraineté, était faite à une heure historique, où notre race n'était nullement émasculée, comme elle l'est de nos jours par près de cent années de l'organisation de l'an VIII, et où les Français, par conséquent, habitués à la plus grande initiative et à la plus large indépendance, devaient forcément se sentir animés de la plus invincible confiance en eux-mêmes.

Car ils trouveront dès lors tout naturel que l'oc-

troi de ces droits, de ces libertés et de ces franchises
ait exercé *de plano* une réelle action sur les capitalistes, et que ces derniers aient été portés à s'imaginer qu'ils n'avaient qu'à le vouloir pour mettre
les contrées qu'on leur donnait en pleine valeur et
pour s'en partager toutes les richesses. Il est certain que, dans ces conditions, presque tout le monde
alors dut avoir la foi la plus entière dans l'avenir
matériel et le succès de ces entreprises, et qu'on devait être prédisposé à en prendre des parts. La meilleure preuve au surplus qu'il en fut bien ainsi, c'est
que, à peine une compagnie venait-elle à se ruiner,
et le contraire arrivait rarement, il s'en organisait
immédiatement une nouvelle pour prendre la suite
de ses affaires, et pour solliciter du roi, comme une
faveur, l'autorisation de la remplacer.

VIII

Résumé de la première partie. — Le plan adopté par Louis XIII
de faire de a politique coloniale sans qu'il lui en coutât
rien fut très bien exécuté. — Il ne fit pas même les dépenses
directes ou indirectes et n'accorda pas même aux compagnies
les avantages que les économistes contemporains les plus
sévères auraient pu lui pardonner.

Dans la deuxième partie de ce livre, nous nous
étendrons sur le système de ces compagnies, et nous
démontrerons combien, grâce au concours qu'elles
trouvèrent dans la royauté et grâce surtout à l'esprit
mercantile dont elles étaient imbues, elles permirent
d'arriver aux meilleurs résultats pour tout ce qui
avait trait aux colonies et à la colonisation.

Cependant, comme nous nous sommes plus spécialement attaché jusqu'ici à mettre en lumière la
préoccupation du gouvernement de Louis XIII et
de Richelieu de ne rien dépenser dans les entre-

prises exotiques, on nous pardonnera de condenser en quelques lignes ce qui vient d'être exposé dans les pages précédentes.

Si nous nous résumons donc, on voit que le roi faisait explorer les mers, occuper de vastes régions, administrer les contrées nouvelles, sans qu'il en coûtât quoi que ce fût à son trésor. Les seules pertes qu'il subissait, en échange des agrandissements territoriaux que l'esprit d'aventure de ses sujets pouvait apporter à sa Couronne, se réduisaient uniquement à ce qui pouvait résulter de la dispense temporaire de quelques droits d'entrée ou de sortie. Et encore est-il bon de faire observer que les pertes de ce chef étaient tout ce qu'il y a de plus problématique : car dans l'espèce, étant donné le temps strictement nécessaire pour défricher des terres vierges et les mettre en valeur, la somme des marchandises entrées ou sorties ne pouvait forcément qu'être insignifiante.

Le roi payait ceux de ses sujets qui lui faisaient une conquête, en leur accordant comme récompense la jouissance temporaire de cette conquête, et, une fois le temps de cette jouissance expiré, cette conquête lui revenait agrandie, aménagée, parachevée, se soldant par un bénéfice net : politique, économique ou social. Et, si nous disons que

5

cette conquête lui revenait aménagée, parachevée, se soldant par un bénéfice net, c'est que, comme on le verra tout à l'heure, les chartes étaient toujours libellées de façon qu'un territoire colonial ne restât jamais inactif aux mains de ceux qui en avaient obtenu la concession.

On avouera qu'il serait difficile de concevoir une manière plus habile et moins dispendieuse d'administrer la fortune de l'État, et de faire de la politique coloniale.

Bien mieux même, comme beaucoup de chartes réservaient au roi le dixième du produit des mines, dans la supposition très admissible où le hasard nous aurait fait tomber sur une contrée possédant des mines d'or riches et d'une extraction facile, comme au Mexique ou au Pérou par exemple, il pouvait s'ensuivre que, sans avoir eu un seul denier à avancer et tout en acquérant à titre gratuit la suzeraineté de territoires considérables, le roi avait en outre la chance de se trouver du jour au lendemain en possession d'un revenu important.

Comme cela nous rejette loin de notre politique coloniale du xixᵉ siècle, où l'État engouffre des sommes énormes ! Et quelle différence entre nos colonies de jadis qui ne nous coûtaient rien et celles que nous avons acquises depuis la Révolution de qui exigent chaque année des crédits exorbitants !

On connaît dans quels termes, au commencement de ce siècle, J.-B. Say s'exprimait au sujet de ces anciennes compagnies de colonisation et de commerce.

Le privilège d'une compagnie est justifiable, disait-il dans son *Traité d'économie politique*, t. I, p. 313, quand il est l'unique moyen, par exemple, d'ouvrir un commerce tout neuf avec des peuples éloignés et barbares. Il devient alors une espèce de brevet d'invention, dont l'avantage couvre les risques d'une entreprise hasardeuse et les frais d'une première tentative. Mais, de même que les brevets d'invention, ce privilège ne doit durer que le temps nécessaire pour indemniser les entrepreneurs de leurs avances et de leurs risques.

Certes, on ne peut contester que c'était avec le caractère d'une indemnité, que les privilèges dont nous avons parlé plus haut étaient accordés aux compagnies : droits de souveraineté et de propriété, exemptions fiscales, etc. Si l'on désirait s'en convaincre, il n'y aurait qu'à se reporter aux chartes elles-mêmes.

Voici effectivement ce qui est écrit dans celle de la

« Compagnie des isles de l'Amérique » qui est datée de 1642 : « Afin d'indemniser les dits associés des frais et des dépenses de leur établissement, dit le roi dans cette charte, nous leur avons accordé et accordons l'exemption de tous droits d'entrée, etc. » Dans celle de la *Nouvelle France* en 1628, les termes sont encore plus explicites. « Et pour aucunement récompenser, dit-elle, la dite Compagnie des grands frais et avances qu'il lui conviendra faire pour parvenir à la dite peuplade [1], entretien et conservation d'icelle, nous avons par le présent nostre édit irrévocable donné et octroyé, donnons et octroyons en toute propriété, justice et seigneurie, le fort et l'habitation de Québec avec tout le dit pays de la *Nouvelle France*, dite *Canada*. »

Rien ne nous serait facile comme de multiplier les citations à ce sujet. Il n'y aurait qu'à prendre toutes les chartes.

Seulement, et si nous laissons de côté les exemptions fiscales qui, au surplus, nous le répétons, signifiaient très peu de chose, — comme tout ce que le roi accordait en cette circonstance aux compagnies ne lui appartenait pas et n'appartenait à personne, si ce n'est à l'Espagne, on mesure com-

---

1. *Peuplade* est ici dans le sens d'œuvre de peuplement.

bien ces compagnies étaient différentes de celles qui
se sont formées au xixᵉ siècle, dans de tout autres
objets, il est vrai, mais avec le caractère de compagnies monopolisées.

Alors, en effet, aucune de ces garanties d'intérêts, de ces subventions, de ces allocations, de ces
concessions à 99 ans, qui trop souvent grèvent la
fortune publique au seul bénéfice des actionnaires.
Le roi, au total, ne donnait rien, et, au bout d'un
temps relativement court, les compagnies devaient
lui rendre quelque chose : des terres découvertes,
conquises, défrichées, peuplées ; et ces terres ne
constituaient pas seulement un agrandissement pour
sa Couronne, attendu que leur possession avait en
outre pour résultat de lui permettre d'offrir un déversoir aux produits et aux esprits aventureux et inquiets
de ses États. Ainsi, avec cette politique coloniale,
tout le monde gagnait à l'opération : le roi, l'État
et l'ensemble du pays. Il n'y avait que les compagnies qui eussent quelque chose du leur à y mettre,
et qui fussent exposées à perdre.

Il aurait été vraiment malaisé d'obtenir d'aussi
beaux résultats à aussi bon compte.

C'était le triomphe de l'habileté et du génie de
l'économie dans l'administration des affaires publiques.

Lorsque, plus tard, il arrivait à un successeur de Louis XIII de concéder à une compagnie des colonies qui avaient déjà passé par les mains de quatre ou cinq sociétés, il est certain qu'au fond il accordait quelque chose ; car il était bien rare que ces colonies, qui étaient découvertes et explorées, au sujet desquelles aucune revendication n'était plus à redouter de l'Espagne, qui renfermaient déjà un certain nombre d'habitants, et dont beaucoup de terres étaient cultivées, ne représentassent point une valeur réelle, plus ou moins considérable.

Mais, à l'époque dont il est question en ce moment, sous Louis XIII, qui fut l'auteur premier du système, rien de tout cela n'existait encore, et tout était à faire et à créer.

Nous avons donc le droit de dire en terminant que ce monarque resta bien au-dessous des libéralités que, dans la circonstance, J.-B. Say et les économistes contemporains les plus sévères auraient pu être disposés à lui passer.

DEUXIEME PARTIE

MOYENS ÉCONOMIQUES ET INGÉNIEUX
DONT L'ANCIEN RÉGIME FIT USAGE POUR POUSSER RAPIDEMENT
AU DÉVELOPPEMENT,
A LA PROSPÉRITÉ ET AU PEUPLEMENT DE SES COLONIES.

I

Dans une affaire, quelle qu'elle soit, l'important n'est pas
de ne rien dépenser ; mais, avant tout, d'arriver au but proposé. — Or, en dépit de son parti pris de tenir sa bourse
fermée, l'ancien régime, en matière coloniale, obtint les plus
grands résultats, tant dans les Indes orientales que dans les
Indes occidentales. — Et ces résultats ont été encore plutôt
dus au savoir-faire qu'il déploya qu'au mouvement d'expansion dont la France était alors animée.

Après les développements qui ont fait l'objet de
la première partie de ce livre, il est certain qu'il
faudrait totalement manquer d'esprit de gouvernement, c'est-à-dire n'attacher aucune valeur à une
bonne administration des finances publiques. pour
ne pas applaudir des deux mains aux principes de
la politique coloniale inaugurée par Louis XIII ; politique coloniale, qu'on doit appeler, nous le répétons, la politique coloniale de l'ancien régime, puis-

que tous les successeurs de ce monarque y sont restés fidèles jusqu'à la Révolution.

Il est de la dernière évidence, en effet, que son désir de doter la France, sans bourse délier, de ce que l'on nommerait pompeusement de nos jours un grand empire colonial, était l'indice chez ce roi d'un homme d'État de premier ordre; étant donné qu'il est généralement admis de tout le monde, que le premier caractère d'un véritable homme d'État est d'être avant tout ménager des ressources du Trésor, sans que l'extension de la puissance de son pays ait à en souffrir.

On avouera donc dans ces conditions que, sous ce rapport spécial au moins, Louis XIII mérite d'être placé bien au-dessus de nos hommes politiques du xixe siècle, dont il se différencie en ce qu'ils ont jeté sans compter des centaines et des centaines de millions dans leurs entreprises coloniales, et qu'ils se sont conduits comme si, en semblable matière, tout devait être fait aux frais de l'État.

Cependant, quelles qu'aient été, de ce côté, les idées d'économie adoptées par Louis XIII et que ses successeurs ont continué à pratiquer, il y a une chose indiscutable, c'est que, pour un homme éclairé, elles ne sauraient être qu'une simple face de la question.

Que, dans un grand plan politique à réaliser, — et c'en était incontestablement un de ce genre que celui dont le but était d'étendre le champ d'activité nécessaire à l'expansion de la France, — on se fasse une loi absolue de ne rien dépenser; on ne peut qu'approuver, et il n'est pas douteux, nous le répétons, que c'est là la marque d'un très bon esprit gouvernemental. Mais enfin il ne serait pas permis de s'illusionner au point de s'imaginer que ce soit tout ou même le principal.

Dans une pareille question, comme en toute autre, d'ailleurs, il est clair que le point vraiment essentiel, celui qui prime tout le reste, est que l'œuvre à réaliser soit accomplie, et accomplie de façon à répondre entièrement à l'objet proposé. Car si, en raison de la parcimonie qu'on aurait érigée en système, on n'était arrivé à rien ou qu'on n'eût obtenu que des résultats insignifiants, il saute aux yeux que, bien loin d'être une qualité, cette parcimonie devrait être regardée au contraire comme un défaut des plus répréhensibles, et qu'elle serait dix fois moins recommandable que la prodigalité à laquelle on se serait laissé aller pour aboutir.

Eh bien, justement, dans cet ordre d'idées, il suffit d'avoir la notion la plus superficielle des faits pour être forcé de reconnaître, qu'en dépit de son abstention financière ou autre, l'ancien régime parvint sur le terrain colonial à des résultats prodigieux, considérablement supérieurs à tous ceux auxquels nous sommes arrivés nous-mêmes avec toutes nos dépenses.

Comme nous avons annoncé en commençant que notre intention n'était· pas de faire l'histoire de notre émigration au xvii° et au xviiie siècle, c'est-à-dire de Louis XIII à la Révolution, on ne s'attend donc pas à ce que nous donnions de grands détails à ce sujet. Néanmoins, dans le cas où, parmi nos lecteurs, il se trouverait quelque incrédule, nous l'engagerions, pour se fixer à cet égard, à feuilleter l'histoire universelle ou, à défaut d'histoire universelle, à s'informer simplement des pays coloniaux qui ne nous appartiennent plus, mais où l'on parle notre langue, ce qui est la preuve qu'ils ont été peuplés par nous. En un instant il se ferait une opinion précise, et il serait certainement stupéfait du nombre et de l'immense étendue des colonies que, dans presque toutes les parties du globe, la France du xviie et xviiie siècle avait réussi à se créer.

Désire-t-on, par exemple, quelques indications sommaires sur ce qu'elle avait fait alors dans la mer des Indes ?

Ne nous occupons pas tout d'abord des colonies

que nos guerres malheureuses depuis Louis XV ne
sont pas arrivées à nous faire perdre dans ces parages, — et laissons également de côté Madagascar
où, bien que notre drapeau y eût été planté au xviie
siècle, nous n'étions encore parvenus qu'à de faibles
résultats au point de vue de la colonisation : que
trouve-t-on dans cette mer des Indes ? Il y a d'abord
l'île de France, aujourd'hui Maurice, dont les traités
de 1815 nous ont dépouillés au profit de l'Angleterre ;
l'île de France, dont les quatre cinquièmes de la
population, si l'on fait abstraction des immigrés
indous, est d'origine française, et qui, quoique sous
la domination étrangère, n'en a pas moins persisté
à garder notre langue, nos mœurs et les grandes
lignes de la Coutume de la Vicomté et Prévôté de
Paris, telle qu'elle florissait avant la Révolution.

En dehors de l'île de France, que trouve-t-on encore ? On trouve les Seychelles, aux Anglais également
depuis 1815, et dont les neuf dixièmes des habitants sont issus d'anciens colons venus de France.

Chose du reste qu'il n'est pas inutile de noter, dans
ce petit pays le souvenir de la mère patrie et la foi
en son relèvement final se sont si étrangement conservés, qu'en 1883, l'arrivée d'un cuirassé français
devant Mahé provoquait une émotion indescriptible
dans toute la population ; à tel point que le gouver-

neur britannique crut nécessaire d'inventer un prétexte sanitaire pour interdire l'entrée du port au
vaisseau. Tous ces braves gens, en effet, entendant
depuis quelques semaines parler des exploits de l'a-
miral Pierre sur les côtes de Madagascar, et du peu
de cas qu'il faisait des observations de la croisière
anglaise, s'étaient purement et simplement imaginés
dans leur patriotisme que la France, songeant enfin
à eux, venait les délivrer. Et tous, sans y réfléchir
davantage, commençaient à se concerter pour
prendre leurs dispositions en conséquence, et nous
prêter main-forte

Or, à ces pays restés foncièrement français par
leur population, leur langue, leur mœurs, leurs lois,
leurs sympathies, si l'on veut bien maintenant ajouter
Bourbon, Madagascar, nos comptoirs actuellement
existant aux Indes, puis les influences, les alliances
et les moyens d'action que nous possédions sur le
continent indien et dont Dupleix aurait été capable
de faire un si bel usage, à moins d'être de mauvaise
foi, force est de convenir qu'aux XVIIe et XVIIIe siècles,
dans cette partie du monde appelée les Indes orientales, l'ancien régime avait en main les éléments
d'un empire des Indes colossal, empire qui, sans la
criminelle insouciance de Louis XV, au lieu d'appartenir aujourd'hui à l'Angleterre, serait aux Français.

Que si, de l'océan Indien, on se transporte à présent dans l'Atlantique, même chose; avec cette différence toutefois que notre situation coloniale de ce côté était peut-être encore plus brillante.

Sans parler effectivement des quelques Antilles qui nous sont restées, il n'est personne de nos jours qui ne sache de notoriété publique que le Canada, aujourd'hui à la Grande-Bretagne, est peuplé d'une population en majorité française, régie encore par l'ancienne Coutume de Paris, et que la langue dont on y fait usage est le français, le français de ses premiers colons, le pur français du xviie siècle? Tout le monde sait, en outre, qu'il y a quarante ans à peine, tous les habitants de la Louisiane, qui est actuellement aux États-Unis, étaient de souche françaises, et que, dans toutes les rues, à toutes les boutiques de la Nouvelle-Orléans, on ne voyait que des noms français. Il est également connu que notre langue est la langue officielle de la République d'Haïti, qu'elle est parlée sur tout son territoire, et que les deux tiers des familles de la Trinité, aujourd'hui possession anglaise, s'expriment en français; témoignage évident que les premiers colons de ces deux contrées ont été français. Ce qui subsiste encore de nos anciennes créations coloniales permet de juger quelle action prépondérante eut l'ancien régime de l'autre côté de l'Atlantique. On doit donc s'expliquer que nous ayons dit plus haut que, si notre expansion dans les Indes occidentales n'avait pas été annulée par une politique européenne inepte, le sol des États-Unis et les Antilles auraient presque été en totalité peuplés par la France.

Une chose atteste, du reste, avec encore cent fois plus de force que les quelques faits que nous venons de donner, combien, sous l'ancien régime, nos nationaux s'étaient répandus partout et avaient su s'y implanter; cette chose, c'est que dans toutes les contrées coloniales et dans tous les endroits où régnait l'esclavage, ce qu'on a appelé le jargon nègre était encore, il y a cinquante années, pour ainsi dire uniquement composé de mots français.

Or, comme, avec cela, on ne doit pas perdre de vue que nos possessions exotiques ne constituaient pas, alors comme de nos jours, des territoires occupés et dominés par des troupes métropolitaines, mais des contrées peuplées et mises en culture par des colons partis de France, lesquels étaient eux-mêmes chargés en grande partie de les défendre, nous n'en dirons pas davantage pour convaincre nos lecteurs de la différence radicale qui existait entre les colonies de l'ancien régime et celles d'aujourd'hui, et pour leur faire voir qu'au point de vue colonial, le xixe siècle ne mérite même pas d'entrer en parallèle avec le XVIIᵉ et le XVIIIᵉ.

Auprès d'eux, dans la réalité, le XIXᵉ siècle ne compte pas.

De ce court aperçu rétrospectif, il appert donc que notre politique coloniale d'avant la Révolution ne souffrit en rien des principes d'économie et d'abstention de l'État adoptés par l'ancienne monarchie à son sujet; puisqu'en fait de colonies et de colonisation, l'ancien régime, comme on le voit, avait atteint les plus grands résultats.

Cependant, et c'est par là que nous allons reprendre le fil de cette étude, on commettrait une grosse erreur si l'on s'imaginait que notre développement colonial sous l'ancien régime a été exclusivement dû au besoin d'expansion dont la France était alors travaillée, et que l'ancien régime, par suite, ait bénéficié alors pour sa politique coloniale d'une situation qu'il n'avait rien fait pour créer.

Qu'il en ait été aidé dans une certaine mesure, nous ne nous refusons pas à l'admettre. Mais, quand nos lecteurs auront parcouru les pages qui vont suivre, nous sommes persuadé qu'ils conviendront d'eux-mêmes que ce développement, à n'en point douter, a beaucoup plus tenu aux règles, aux encouragements et à l'organisation intelligente et ration-

nelle, que la royauté sut donner à l'esprit d'émigration.

Nous ajouterons, d'ailleurs, que l'inflexible parti
pris de ne dépenser en matière coloniale aucune
des ressources proprement dites de l'État doit être
considéré, non moins que ces règles, ces encouragements et cette organisation, comme constituant l'ensemble même des principes de la politique coloniale
pratiquée chez nous avant la Révolution.

Avantages qu'avait le système des compagnies de l'ancien régime pour la colonisation et le développement des colonies. — Les compagnies permettaient de donner à chaque colonie l'organisation et l'administration qui lui convenaient le mieux. — Puis elles avaient pour principe d'éviter les guerres avec les naturels. — En troisième lieu, leur intérêt était de donner la plus grande extension au peuplement et à la mise en exploitation des terres. — Toutes choses dont nos gouverneurs actuels, relevant directement de la métropole, n'ont aucun intérêt personnel à se soucier.

Et d'abord, il n'est besoin que d'une lueur de bon sens pour saisir du premier coup, combien ces compagnies privées, dont l'ancien régime s'était fait une règle de se servir pour la création, l'organisation et l'administration de ses colonies, toute question de dépense à part, valaient mieux et combien elles étaient plus avantageuses, que le système dont nous avons été l'esclave durant ce siècle, et qui a consisté, comme on sait, à tout faire faire non seulement aux frais de l'État, mais encore par des agents de l'État.

Quand on regarde les choses de près, il est incontestable en effet que notre façon d'entendre l'administration et l'organisation de nos colonies au XIXe siècle, ne nous a pas été seulement très coûteuse, mais qu'elle a été tout particulièrement néfaste à ces dernières. En choisissant pour gouverneurs des hommes empruntés à la carrière militaire, tous coulés dans le même moule, tous imbus des mêmes idées, ne pouvant le plus souvent agir que d'après des instructions dont les plus infimes détails avaient été arrêtés dans les bureaux de la métropole, instructions d'autre part généralement identiques, qu'il s'agit de pays de l'hémisphère boréal ou austral, de pays tropicaux, intertropicaux ou de la zone tempérée, de pays peuplés de races jaune, blanche ou noire, nous avons peut-être très beaucoup sous le rapport de l'unité ou, pour être plus vrai, au point de vue de l'uniformité ; mais, si l'on prend la peine d'y réfléchir un peu, il ne faut pas longtemps pour comprendre qu'en procédant de la sorte nous n'avons pu imposer aux colonies qu'un état de choses absurde, et qu'avec un pareil état de choses, pour ce qui regarde les résultats, on ne pouvait arriver à rien de satisfaisant [1].

1. Les conséquences désastreuses à tous égards de notre façon de comprendre l'organisation et le gouvernement des

L'innovation dont nous sommes redevables à M. de Freycinet, avec sa distinction des pays de protectorats, c'est-à-dire avec le droit qu'il a reconnu pour chacune des contrées soumises à notre protection, d'avoir une organisation et un régime administratifs spécialement taillés pour elle, va heureusement nous faire entrer dans une voie toute nouvelle. Et il est fort probable qu'il s'ensuivra des changements correspondants pour nos autres colonies.

Mais, en attendant, on conçoit les avantages que présentait à cet égard l'institution des compagnies. Du moment qu'une compagnie, en effet, avait toute liberté de gouverner et d'organiser les contrées de sa concession comme elle entendait, il est évident que, de ce côté, son intérêt lui conseillait de se conformer à la nature des choses et au caractère des naturels, et par conséquent de faire tout ce qui devait concourir au succès qu'elle désirait. Dans ces conditions, les contrées dont une compagnie entreprenait la colonisation avaient donc les plus grandes chances d'être dotées des règlements et du

colonies ont été mises en pleine lumière par M. Charles Giraudeau (*Nouvelle Revue*, livraison du 15 août 1884, p. 754 et suivantes). Il est regrettable que l'auteur s'en soit tenu aux grandes lignes, sans entrer dans tous les détails de la question qu'il nous paraît posséder à fond.

mode d'administration et d'organisation qui lui convinssent le mieux; par suite, aucun risque pour elles, comme elles en auraient eu de nos jours avec notre régime, d'être exposées à végéter ou à périr étouffées sous des lois et une organisation imaginées, comme à plaisir, à deux ou trois mille lieues de là, et imaginées par des gens n'y étant jamais venus, et qui ne s'étaient peut-être jamais mis à la place de ceux qui devaient y venir habiter.

Il y avait déjà là un premier avantage ; mais ce n'était pas le seul que les colonies pouvaient retirer du système des compagnies.

Quand une compagnie se constituait, chacun de ses membres n'avait pas d'autre préoccupation que de retirer de la charte tous les profits possibles, et cela, bien entendu, afin d'avoir chaque année de gros dividendes à recevoir. Cette préoccupation était, assurément, des plus légitimes, et il n'y a personne qui ne la trouve très naturelle. Mais, en revanche, on peut deviner quelles conséquences elle devait avoir sur la mise en pleine valeur des colonies.

S'il y a une chose qu'il faut se garder de demander à nos gouvernements issus de la Révolution, c'est bien de chercher à faire d'excellentes affaires avec leurs colonies, c'est-à-dire à en retirer des ressources pour la métropole. Ce sont là des idées terre à terre, mesquines, qu'ils croiraient indignes d'eux-mêmes d'avoir. Il semblerait au contraire qu'en ce qui concerne les colonies, ils regardent la prodigalité comme de règle, ou plutôt comme une marque de grandeur et de noblesse, et comme un devoir réellement imposé à la métropole.

Ils ont, en effet, si peu le sens de l'économie des finances de l'État quand il s'agit des colonies, que, lorsqu'ils se résignent, comme on dit, à serrer les cordons de la bourse, c'est uniquement parce que les Chambres les y contraignent ou parce qu'ils sentent qu'elles leur refuseraient de nouveaux crédits. Tandis qu'autrefois l'on partait de l'axiome que les colonies devaient rapporter de l'argent à la mère patrie, on dirait que leur conviction est, au contraire, qu'elles ne peuvent que lui en coûter.

Eh bien, si l'on y veut réfléchir, cette différence dans la manière de considérer le rôle des colonies par rapport à la métropole, contient justement, au point de vue colonial, le secret de la grande infériorité que l'on constate chez nous vis-à-vis de l'ancien régime.

Ainsi, par exemple, il n'y a pas besoin de dire que, dans leur ambition de réaliser tous les bénéfices possibles, les administrateurs d'une compagnie devaient être naturellement enclins à éviter, de propos délibéré, toute dépense inutile ; et, parmi les dépenses inutiles, on nous accordera qu'il n'y en a point qui le soient plus que celles qui proviennent de guerres avec les naturels.

Or, à ce dernier égard, si l'on prend notre histoire coloniale depuis la Révolution, immédiatement on observe, toutes les fois que dans une colonie nous nous sommes trouvés en contact avec des indigènes, qu'en raison du caractère de nos gouverneurs, pris dans la marine ou dans l'armée et habitués à ne comprendre que la discipline et la soumission, ces indigènes ont toujours été placés dans l'alternative suivante : ou de se plier à une obéissance absolue et passive, ou de se révolter. Chez beaucoup de nos fonctionnaires coloniaux, on remarque même une tendance à croire que leur gouvernement courrait risque de passer inaperçu dans l'histoire, s'ils n'avaient pas soin de l'illustrer par quelque fait d'armes accompli contre la population conquise. De là ces guerres interminables, provoquées à la légère, sans cesse renaissantes, que nous avons eu à faire dans toutes nos colonies, et que nous devrons, du reste, continuer à y faire jusqu'au jour où nous nous serons enfin décidés à changer de méthode.

Il n'est ignoré de personne que, dans les pays exotiques, la guerre n'a pas seulement l'inconvénient de coûter fort cher à tous ceux qui y prennent part, peu importe qu'ils soient vainqueurs ou vaincus ; mais qu'elle entraîne encore ce grand désagrément que, même loin du théâtre des hostilités, son effet est de rendre toute culture et tout commerce impossibles, par le fait de l'inquiétude qu'elle jette ou qu'elle entretient dans l'esprit des colons.

Il y avait de la sorte, pour les compagnies de colonisation, un double motif de ne pas aimer la guerre ; et elles étaient directement intéressées à la prévenir ou, si par malheur elle éclatait, à la circonscrire pour y mettre au plus vite un terme. On est donc en droit d'en inférer que leurs représentants sur les lieux recevaient comme instructions générales, ou devaient du moins se tracer pour règle, d'éviter à tout prix les guerres, et qu'ils devaient s'efforcer dès lors, en toute circonstance, dans leurs rapports avec les naturels, d'employer la douceur, les alliances, ou en d'autres termes, comme on pourrait dire de nos jours, l'action morale et les voies diplomatiques.

Ainsi, en résumé, peu importait qu'ils y fussent ou non disposés par leur tempérament ; mais le souci de faire de bonnes affaires devait forcément inspirer aux administrateurs des compagnies l'éloignement

le plus profond pour cet esprit militaire et cet absolutisme qui nous ont coûté si cher et qui ont été, du reste, la marque distinctive de notre politique coloniale au xıxe siècle.

Cela dit, si, pour exposer les avantages qu'offrait le système des compagnies, nous continuons de nous placer au même point de vue, c'est-à-dire au point de vue de l'intérêt que toute compagnie pouvait avoir à agir de telle ou telle manière, — ce n'était pas le tout que de s'épargner les dépenses inutiles; il y avait encore pour elles la question primordiale des bénéfices à réaliser. Au total, les privilèges qui figuraient dans les chartes des compagnies étaient purement théoriques et virtuels, c'est-à-dire qu'il y avait tout à faire pour les rendre fructueux et leur donner un caractère tangible.

Admettons, en effet, que l'on eût concédé à une compagnie les pays les plus riches du monde, il est certain que cela ne lui aurait servi de rien, si elle se fût croisé les bras. Toute compagnie qui voulait avoir des dividendes et qui tenait à ce que ses capitaux fructifiassent, était donc obligée de s'ingénier de toutes les façons, de déployer le plus grand savoir-faire, de faire appel à tout son esprit pratique; ce n'était qu'à cette condition, tant au point de vue du commerce que de la culture et des mines,

qu'il lui était possible de mettre en valeur les territoires qu'on lui avait accordés.

On n'a pas oublié en quoi consistaient les privilèges attribués aux compagnies ; ils se réduisaient à
trois principaux : 1° le monopole du commerce ;
2° la franchise pour certains droits de sortie et
d'entrée ; 3° l'exploitation ou la vente des terres.

En ce qui concerne l'exemption de ces droits d'entrée et de sortie, il n'est pas besoin d'y penser longtemps, pour voir que cette franchise aurait été
lettre morte et n'aurait pas représenté le moindre
avantage, si, faute d'en avoir l'écoulement dans leurs
possessions coloniales, les compagnies n'avaient pas
eu à y introduire des marchandises de France, ou
si une production sérieusement organisée dans leurs
colonies ne leur avait pas fourni le moyen d'importer dans la métropole une quantité notable de
denrées coloniales ou autres produits.

Observation analogue pour tout ce qui a trait au
monopole du commerce dont elles jouissaient. Ce
monopole n'avait visiblement une chance assurée de
leur être profitable qu'à la condition que la population productrice qu'elles auraient à alimenter et à
pourvoir là-bas fût très nombreuse. Car plus cette
population serait dense, et plus elle offrirait de
débouchés à ce qu'on lui apporterait, plus par contre

elle serait susceptible en échange de donner des choses à embarquer pour la mère patrie.

Pour ce qui regarde enfin les terres, bien que les compagnies organisassent quelquefois elles-mêmes de vastes plantations agricoles, leurs véritables bénéfices ne provenaient, en somme, de ce côté que des lots de terres qu'elles réussissaient à vendre aux colons. Conséquemment, plus il arrivait de colons de France, et plus les ventes de terres devenaient importantes, plus dès lors les compagnies étaient sûres de gagner.

En somme donc, on le voit, dans quelque sens que l'on se retourne, les dividendes d'une compagnie dépendaient, pour ainsi parler, exclusivement du développement qu'elle savait donner à la colonisation. Il n'y avait vraiment pour elle d'espérance de réussir que si elle concentrait tous ses efforts sur ce point : le colon, attirer le colon. On peut même dire que son succès était régi par ces trois aphorismes que, dans la conduite de ses affaires, elle avait intérêt à ne jamais perdre de vue : plus les colons qu'on aurait amenés seraient heureux et satisfaits, plus ils en engageraient d'autres à venir de France pour les rejoindre ; — plus les établissements des colons seraient prospères et durables, et plus les colons abonderaient plus, par conséquent, il y aurait de terres à écouler ; — enfin, plus on compterait de colons dans une colonie et plus on aurait de produits français à y vendre, plus il y aurait de produits coloniaux à en exporter.

Ces simples lignes permettent d'apprécier combien, avec ces colonies de jadis, nous sommes loin de celles d'aujourd'hui, administrées, organisées et régies directement par l'État.

Que de nos jours, en effet, un de nos nationaux veuille aller faire souche dans une colonie, aucun courant n'existant plus, ni aucun encouragement, il a besoin d'une énergie peu commune pour obéir à ses sentiments et n'être point paralysé par la force d'inertie dont il est enveloppé. Arrivé là-bas, s'adresse-t-il à notre gouverneur qui, rétribué par l'État, n'a par suite aucun intérêt personnel au développement et à la prospérité de la contrée dont il a la charge ? Dès le début on le tient, sauf à lui à faire la preuve du contraire, pour un homme suspect, qu'un méfait quelconque a mis dans l'obligation de s'expatrier. Personne ne l'aide. On le regarde plutôt comme une gêne et un embarras que comme un bienvenu ou une acquisition utile à la colonie. On lui fait attendre des mois et des mois, quand ce n'est pas des années, la concession de terre qu'il demande, et que l'on devrait être trop heureux

6.

de lui accorder sur-le-champ. Bref, on l'abreuve de tant d'humiliations, on se prête si peu à ce qu'il réclame, on lui impose tant et tant de retards, qu'il finit par s'en aller; à moins, ce qui arrive le plus souvent, que, ulcéré du mauvais vouloir et du mépris auxquels il se sent en butte, il ne tombe malade et, découragé, ne meure de chagrin.

Autrefois le colon était au contraire la poule aux œufs d'or, l'être désiré. Et il ne faut pas croire qu'on attendait qu'il vînt de lui-même. On allait jusque dans son village éveiller ses goûts d'aventures, son amour du bien-être et d'émancipation économique; on employait tous les moyens pour le décider à s'embarquer. Puis, une fois là-bas, bien loin d'être abandonné, seul, sans secours, toutes les facilités étaient mises à sa disposition, afin qu'il pût se tirer d'affaire au plus vite. On se l'explique, puisque le jour même où il se tirait d'affaire, comme producteur, consommateur ou propriétaire, il devenait une source de revenus pour la compagnie.

Après ces renseignements, nous ne croyons pas que l'on soit encore surpris quand on lira, dans de vieux livres relatifs aux colonies, que les compagnies se disputaient avec la plus grande âpreté les gens disposés à aller coloniser.

La preuve la plus manifeste, en effet, que les colons constituaient bien le fondement même de la prospérité de ces anciennes compagnies, c'est qu'en plusieurs rencontres il arriva que quelques-unes furent, du jour au lendemain, totalement ruinées par la faute d'un gouverneur maladroit ou intempestivement autoritaire ; et cela, uniquement parce que, froissés et mécontents, les colons, ayant abandonné leurs plantations, s'étaient transportés en masse sur le territoire d'une compagnie voisine, dont le gouverneur plus intelligent leur avait fait entendre qu'on les y accueillerait bien, et qu'ils n'y seraient jamais molestés.

Nous avons dû nous borner à des indications très sommaires. Cependant il nous semble en avoir dit plus que suffisamment pour que nos lecteurs se rendent compte d'eux-mêmes des avantages qui découlaient de l'institution des compagnies. Ils ont pu reconnaître que, comparativement surtout aux pratiques suivies par nous depuis la Révolution, les anciennes compagnies constituaient, au point de vue colonial, un instrument supérieur, susceptible de produire les meilleurs et les plus grands résultats.

III

Visées auxquelles l'ancienne royauté avait dû obéir en poussant les Français aux colonies et à la colonisation. — Intérêt considérable qu'elle attachait à cette question. — Obligation qu'elle avait imposée aux compagnies, dans toutes les chartes, de créer un courant d'émigration vers les pays qui leur avaient été concédés, courant d'émigration que la royauté s'était proposé d'alimenter par des facilités et des encouragements donnés aux émigrants. — Pourquoi nous n'avons eu alors que des colonies de peuplement.

Les compagnies avaient un tel intérêt à la prospérité de leurs colonies et au développement de la colonisation, qu'il semblerait qu'une fois constituées, l'ancien régime aurait pu se reposer sur elles pour le reste. Il est clair, en effet, qu'elles paraissaient encore plus directement intéressées que lui à posséder des colonies riches, prospères et peuplées. Eh bien, au contraire, il s'était si peu fié à leur initiative, et au soin qu'elles devaient avoir de leurs dividendes, que, dans l'idée de les pousser et de les aider dans

leur œuvre, et pour la leur rendre plus facile, il
s'était cru forcé d'introduire dans leurs chartes un
certain nombre de dispositions; dispositions représentant autant de faveurs détournées, mais dont le caractère mérite d'être signalé, vu que, tout en étant
très efficaces, elles étaient aussi peu onéreuses à
l'État que toutes celles qu'il leur avait déjà accordées
pour la souscription de leur capital.

Nous allons examiner la plupart de ces dispositions dans leurs détails et leur ensemble. Mais
quand nous en aurons fait complètement sentir
l'esprit, on sera frappé de l'importance extraordinaire que Louis XIII, pour les avoir imaginées,
avait nécessairement dû attacher à l'expansion de la
France au dehors et à la colonisation.

Il est visible, en effet, que, dans sa politique coloniale, Louis XIII dut obéir à des préoccupations
de premier ordre. Rechercha-t-il dans la possession
de colonies étendues, adonnées à la culture, la possibilité d'approvisionner de première main son
royaume de toutes ces denrées coloniales, sucres,
épices, bois précieux, *bois des isles*, etc que nous
avions eu jusque-là l'habitude de recevoir des Hollandais, des Espagnols, des Anglais, des Portugais,
et même des Danois? C'est fort probable; car, au
xviie et au xviiie siècle, un des axiomes les plus

observés de l'économie politique était de se suffire
à soi-même et d'acheter le moins possible à l'étranger. Ne serait-ce pas plutôt que ce roi et chacun
de ses successeurs après lui avaient vu, dans les
acquisitions coloniales, autant d'agrandissements de
la Couronne, dont la gloire rejaillirait sur eux? La
chose est encore possible. Pour nous cependant, le
grand motif et le seul réellement vrai qui ait existé
en cette circonstance, c'est que, dans ces établissements d'outre-mer, la royauté française poursuivait
un vaste plan politique.

Ce n'est pas à coup sûr par une vaine sentimen-
talité qu'elle avait donné le nom de *Nouvelle France*
au Canada, celui de *France Septentrionale* aux territoires de l'Amérique du Nord situés au nord et au
midi des Grands-Lacs et du Saint-Laurent, et dont le
Canada faisait partie, celui de *France Méridionale* à
la partie sud des États-Unis, celui de *France Équinoxiale* à la Guyane et aux Antilles, celui de *France
Orientale* à toutes les colonies qu'on nourrissait
l'espoir de fonder dans la mer des Indes, et dont
Madagascar devait être le centre. On aurait également tort de croire qu'il y avait eu le moindre
souci confessionnel dans l'interdiction à toutes les
compagnies de laisser s'installer sur leurs territoires
des étrangers, ou, ce qui était tout un à ses yeux,

des Français appartenant à la R. P. R. Non, ce qu'elle désirait dans le sens absolu du mot, c'était que ses possessions, dans les contrées hors d'Europe, fussent moins des colonies que des prolongements mêmes de la mère patrie, c'est-à-dire des contrées dont les habitants étant à peu près exclusivement d'origine française, seraient soumis aux lois de la France et ne feraient qu'un avec elle

Aussi est-il certain que l'occupation ainsi comprise de ces pays lointains dut répondre dans l'esprit de Louis XIII à des desseins politiques élevés, et il n'est pas douteux qu'il n'entendît préparer par là certains moyens d'exécution, dont ceux qui viendraient après lui auraient à user. En quoi consistaient ces desseins ? Nous nous laisserions entraîner trop loin si nous prétendions les définir ici. Mais, au moins, nous pouvons dire qu'on a été chercher des raisons bien loin, lorsqu'on s'est demandé comment il se faisait que la France n'ait eu que des colonies de peuplement, à une époque où tous les autres peuples, au contraire, voyaient purement et simplement dans les possessions coloniales des sources d'opérations commerciales et d'échange. Elle n'a eu et ne pouvait avoir que des colonies de peuplement, par le motif très simple que c'était seulement par le peuplement de leurs colonies que les compagnies avaient la possibilité de réaliser des bénéfices, et aussi par cet autre, qu'il n'y avait qu'avec des colonies de peuplement que le gouvernement de la France pût travailler au succès final de projets qu'il caressait en secret.

Dans ces conditions, on conçoit qu'avec la préoccupation des intérêts politiques qui l'agitaient, Louis XIII ne devait guère être disposé, pour ce qui regardait le peuplement des colonies, à dépendre du bon vouloir des compagnies ou de ce qu'il leur plairait de faire. On doit donc s'expliquer sans peine la présence dans toutes les chartes qu'il octroya, d'une clause spéciale par laquelle, dans un délai fixé, chaque compagnie était tenue d'enrôler, de transporter et d'établir un nombre déterminé de colons dans les territoires à elle concédés.

Il est de la dernière évidence que le consentement des compagnies devait d'autant mieux être acquis d'avance à une disposition de ce genre, que toutes, comme opération principale, se proposaient d'organiser la colonisation sur la plus large échelle. On doit convenir néanmoins qu'une pareille insertion dans les chartes, en tant que condition de l'octroi de la concession, ne fait que s'ajouter à tout ce que l'on sait déjà pour mettre en parfaite lumière l'intérêt que le roi portait à cette question.

Si l'on prend, à ce propos, la charte de 1628 pour la *Nouvelle France,* on lit effectivement dans son article premier que la Compagnie devra faire

...passer audit pays de la *Nouvelle France* deux à trois cents hommes de tous métiers, dès la première année 1628; pendant les années suivantes, en augmenter le nombre jusqu'à 4,000 de l'un et l'autre sexe dans quinze ans prochainement venant et qui finiront en décembre que l'on comptera en 1643; les y loger, nourrir et entretenir de toutes choses généralement quelconques nécessaires à la vie pendant trois ans seulement, lesquels expirés, lesdits associés seront déchargés, si bon leur semble, de la dite nourriture et entretènement, en leur assignant la quantité de terres défrichées suffisante pour leur subvenir, avec le bled nécessaire pour les ensemencer la première fois et pour vivre jusqu'à la récolte lors prochaine, ou autrement leur pourvoir en telle sorte qu'ils puissent de leur industrie et de leur travail subsister audit pays et s'y entretenir par eux-mesmes; sans toutefois qu'il soit loisible auxdits associés et autres de faire passer aucun estranger èsdits lieux, mais peupler ladite colonie de naturels françois, catholiques, et enjoignons à ceux qui commanderont à la Nouvelle France de tenir la main à ce qu'exactement ce présent article soit exécuté en sa forme et teneur, ne souffrant qu'il y soit contrevenu pour quelque cause ou

7

occasion que ce soit, à peine d'en répondre en leur propre et privé nom.

Ainsi, dans cette charte, le roi ne se contentait pas de spécifier le nombre de colons que la compagnie avait à envoyer en quinze années, il stipulait en outre le genre de traitement qui leur devait être assuré.

Comme autre exemple, nous citerons la charte accordée par Richelieu en 1635 à une société appelée « Compagnie des isles de l'Amérique », à qui concession était faite de Saint-Christophe, une des Antilles, et de plusieurs autres petites îles du voisinage. On y lit, en effet,

...que les dits associés feront passer aux dites isles, dans vingt ans du jour de la ratification qu'il plaira à Sa Majesté de faire des dits articles, le nombre de 4,000 personnes au moins de tout sexe, ou feront en sorte que pareil ou plus grand nombre y passe dans le dit temps; et pour sçavoir le nombre de ceux qu'on y fera passer, les maistres de navires qui iront à l'advenir ès dites isles apporteront un acte certifié du capitaine ou gouverneur de l'isle où la descente aura esté faite du nombre des personnes qui auront passé à la charge des dits associés, qui sera enregistré au greffe de l'amirauté.

Nos lecteurs peuvent remarquer ici combien, dans l'espace de sept années, les exigences du roi s'étaient élevées relativement à la quantité de colons que les compagnies devaient envoyer ; en 1635, on voit qu'à une compagnie de quelques Antilles il en imposait presque autant qu'à celle qui avait obtenu en 1628 la concession de l'immense territoire du Canada.

S'il le fallait, du reste, les papiers de cette « Compagnie des isles de l'Amérique » de 1635 pourraient nous fournir la preuve de l'extrême satisfaction qu'éprouvait Louis XIII, lorsqu'une compagnie avait réussi à donner à sa colonisation une certaine extension. Cette preuve se trouve dans l'exposé des motifs d'un accroissement considérable de privilèges, qui fut, à sept ans de là, accordé à cette Compagnie (1642), en récompense des résultats obtenus par elle, « par ses travaux, dépenses et bonne conduite ». En effet, disait le roi dans la nouvelle charte qu'on arrêta alors, « au lieu de l'isle de Saint-Christophe seule, il y en avoit maintenant trois ou quatre peuplées, non seulement de 4,000 personnes que la Compagnie estoit obligée d'y faire passer en vingt années, mais de plus de 7,000 habitans, avec bon nombre de religieux de divers ordres, et des forts construits et munitionnés pour la défense du pays et seureté du commerce ». — « En sorte, poursuivait-il, qu'il y a lieu d'espérer que ladite Compagnie, continuant ses services, nous procurera le fruit que nous en avons principalement désiré en la conversion des peuples barbares à la religion chrestienne, outre les avantages que nostre royaume peut retirer de ces colonies avec le temps et les occasions. » *Avec le temps et les occasions*, il est regrettable que Louis XIII n'ait point spécifié ici de quelles occasions il entendait parler; sans quoi, au lieu d'en être réduit pour cela à des conjectures, on saurait de lui-même à quelles arrière-pensées correspondait dans son esprit la création de ses grandes colonies de peuplement.

Si de ces clauses que présentent toutes les chartes, on peut induire la grande importance accordée par la royauté française au peuplement de ses colonies, il est manifeste cependant que le chiffre de colons dont l'installation était imposée aux compagnies n'aurait jamais suffi, soit pour mettre tous leurs territoires en valeur et leur assurer des revenus sérieux, soit pour créer un état de choses qui fût conforme aux intentions du roi. Aussi tout ce que les chartes édictaient à cet égard doit-il être regardé, selon nous, comme une simple obligation pour chaque compagnie d'organiser un commencement d'émigration vers ses possessions ; commencement d'émigration dont l'objet devait être d'amorcer un courant et de préparer, là-bas, des cantonnements pour les Français que les facilités et les encouragements dont le roi s'était proposé de faire usage, auraient pour effet d'amener à s'expatrier.

Peut-être serait-ce maintenant l'heure d'exposer ce qu'étaient ces facilités et ces encouragements. Mais il nous semble préférable de faire connaître auparavant la façon dont les compagnies s'y prenaient pour recruter les colons et leur distribuer des terres. Ces renseignements nous paraissent ici plutôt à leur place ; car, indépendamment qu'ils montreront combien la colonisation était autrefois mieux comprise qu'à présent, ils permettront de saisir avec plus d'intelligence la valeur pratique de tout ce que l'ancien régime inventa pour faire prendre à la colonisation tout son développement.

IV

Comment procédaient les compagnies pour enrôler des colons. — Conditions diverses auxquelles s'effectuait leur passage aux colonies. — Façons différentes dont on distribuait les terres. — Le régime foncier appliqué au sol des colonies était le régime féodal, avec redevances perpétuelles pour ceux qui recevaient des terres. — Les terres pouvaient être données en fiefs ou en roture, c'est-à-dire avec des titres nobiliaires attachés à la terre, ou simplement contre une redevance annuelle.

Afin de donner une idée complète de la façon dont procédaient les compagnies pour l'envoi des colons et la distribution des terres, nous supposerons une compagnie à ses débuts, quand, ayant réuni son capital, nommé le personnel administratif de sa colonie, discuté les genres de production auxquels elle aurait le plus de profit à s'appliquer, il n'y avait plus pour elle qu'à se procurer des colons.

Lorsqu'elle avait à s'occuper de la question des

colons, toute compagnie commençait généralement par se livrer à une étude raisonnée des localités de France dont les habitants pouvaient être plus facilement susceptibles de s'acclimater dans ses possessions, ou bien où, pour une raison ou une autre, il y avait plus de chance pour elle d'enrôler des colons.

Cette enquête préalable achevée, elle s'arrangeait pour « faire afficher sur toutes les places publiques le dessein de son establissement et le faire publier aux prônes des grand'messes du royaume ». Des autorisations spéciales devaient toujours lui être délivrées à cet effet. Le plus souvent cependant, une fois qu'elle avait jeté plus spécialement son dévolu sur telle ou telle province, elle s'empressait d'y envoyer des hommes à elle, ce que nous appellerions aujourd'hui des agents d'émigration, dont la mission était de travailler la population, de lui exposer les avantages faits par la compagnie et de procéder à des engagements.

Ces agents étaient-ils parvenus à recruter une certaine quantité d'émigrants, qu'ils les réunissaient en corps et les conduisaient au port d'embarquement, d'où ils étaient transportés au lieu de leur destination, en même temps que les individus venus d'eux-mêmes des autres parties du royaume, sur la nouvelle de la colonie à fonder.

Il advenait assez fréquemment que, d'une même province de France, il partît tout un exode de gens, lesquels, emportant avec eux les mœurs, le patois et l'accent de leur pays natal, n'avaient rien de plus pressé dès leur arrivée que de donner son nom à la contrée où ils devaient se fixer. De là, comme à Saint-Domingue, ces régions de l'île que l'on voit marquées sur les anciennes cartes des noms de *Nouvelle Bourgogne*, *Nouvelle Gascogne*, etc., etc.; de là encore, dans la Louisiane, toutes ces localités dont les noms devaient rappeler aux premiers colons les endroits de France d'où ils étaient partis.

Les conditions auxquelles s'effectuait le passage des colons sur les terres d'une compagnie étaient de différentes sortes, et variaient au gré des parties; car cette question donnait généralement lieu à un contrat. D'ordinaire, la compagnie prenait toute la dépense à sa charge; mais, en ce cas, les colons lui devaient trois années de travail, à l'expiration desquelles la compagnie était tenue de « leur distribuer des terres pour les cultiver et les convertir en fruits à leur usage et profit particulier ». Les colons qui passaient à ces conditions portaient le nom d'*engagés*. Parfois, au contraire, la compagnie se contentait de faire les avances des frais de passage et des premiers mois d'entretien à l'arrivée, sauf pour le colon une fois établi à les lui rembourser en nature avec le produit de ses plantations. Le *petun* ou tabac étant, par exemple, la denrée dont la Compagnie de Saint-Christophe recommandait spécialement la culture, tout colon qu'elle passait dans ses îles lui devait en échange 200 livres de *petun*, dont livraison devait être faite à des délais convenus. Cependant, comme cette Compagnie cherchait à multiplier le plus possible le nombre de ses colons, ce prix de 200 livres de *petun* était réduit à 60, quand il s'agissait de colons emmenant avec eux leurs femmes et leurs enfants.

Enfin, il y avait les colons qui s'embarquaient pour leur compte et à leurs frais, avec le gré de la compagnie. Pour ceux-là, ils ne mettaient ordinairement le pied dans le bateau qu'après s'être entendus avec elle sur le prix auquel elle leur donnerait des terres.

Si, de ce qui regarde le transport des colons, nous passons à ce qui a trait aux concessions de terres, nous nous trouvons là en face de faits fort curieux, très intéressants, sur lesquels nous appelons spécialement l'attention de nos lecteurs.

Dans les premières chartes, tout à fait au commencement, le roi avait cru nécessaire de fixer lui-même le taux auquel le sol devrait être livré aux colons; mais on n'avait pas tardé à lui faire remarquer que de ce mode de procéder pouvaient résulter de grands inconvénients, et il y avait renoncé. Telles terres, en effet, pouvaient être meilleures que telles autres; on comprend dès lors combien il aurait été injuste d'établir un prix uniforme pour toutes les qualités. Puis, à tel moment, la compagnie pouvait être dans la nécessité de céder des terres à un taux inférieur à celui que déterminait la charte, tandis qu'à tel autre elle pouvait avoir intérêt à en demander un plus élevé. Au total, comme les compagnies étaient plus que personne intéressées à ne pas afficher des exigences qui eussent éloigné les colons, dans toutes les chartes qui suivirent celles du début, le roi jugea préférable de se rapporter entièrement à elles sur ce point.

Nos lecteurs n'ont peut-être pas fait l'observation qu'en parlant ici des concessions de terres, nous nous sommes abstenu de nous servir de l'expression *vendre.*

Si nous ne l'avons pas employée, ç'a été à dessein : car le terme eût été impropre. Le régime foncier qui était effectivement appliqué alors aux colonies était le régime féodal; ce qui veut dire que, même après avoir distribué ses terres aux colons, la compagnie ne cessait pas d'en être propriétaire.

Ces derniers n'en avaient, en effet, que la jouissance, ou, si l'on aime mieux, la possession. Ainsi, tout colon qui obtenait une concession de terre d'une compagnie était, par ce fait et pour ce qui regardait cette concession, placé sous la seigneurie de cette compagnie; car l'étendue de terre qui lui avait été concédée, il ne l'avait pas obtenue comme il l'aurait obtenue de nos jours gratuitement ou par le payement d'une somme déterminée, à titre de propriété absolue : il n'en était devenu que le détenteur, et devait à son sujet une redevance annuelle que lui ou ses ayants droit étaient *à perpétuité* obligés de verser à la compagnie.

Somme toute, donc, pour ce qui concernait « ses plantations et ses héritages », le colon en était moins le propriétaire, dans l'acception d'aujourd'hui, que le tenancier. En toutes circonstances presque, la nue-propriété restait à la compagnie. Mais ce n'était pas seulement sous ce rapport que le régime foncier des colonies rentrait dans le régime féodal : c'était encore sous tous les autres, notamment sous celui de la « qualité » qui pouvait être attribuée aux terres. Les compagnies, en effet, avaient le droit de concéder les terres en roture ou en fief, et de leur donner, par suite, tous les titres spécifiés dans la hiérarchie féodale.

Mais quelques citations de chartes nous feront mieux comprendre. Écoutons à ce propos la charte de 1628 pour la Nouvelle-France :

Pourront les dits associés, dit cette charte, améliorer et aménager les dites terres *(il s'agit de tout le territoire du Canada)*, ainsi qu'ils verront être à faire, et icelles distribuer à ceux qui habiteront le dit pays et autres en telle quantité et ainsi qu'ils jugeront à propos, leur donner et attribuer tels titres et honneurs, droits, pouvoirs et facultés qu'ils jugeront être bon, besoin et nécessaire, selon les qualités, conditions et mérites des personnes, et généralement à telles charges, réserves et conditions qu'ils verront bon être ; et néanmoins, en cas d'érection de duchés, marquisats, comtés et baronnies, seront prises Lettres de confirmation de nous sur la présentation de notre cousin, le grand maistre, chef et surintendant général de la navigation et commerce de France.

Quant à la charte de la « Compagnie des isles de l'Amérique », de 1642, dont nous avons déjà eu occasion de parler, sauf une légère différence dans les termes, elle s'exprime sur ce point à peu près de même :

Les dits associés, dit-elle en effet, disposeront des dites choses à eux accordées de telle façon qu'ils advi-

seront pour le mieux, distribueront les terres entre eux
et ceux qui s'habitueront sur les lieux, avec réserves de
tels droits ou devoirs et. à telles charges et conditions,
qu'ils jugeront à propos, mesme en fiefs et avec haute,
moyenne et basse justice, et, en cas qu'ils désirent avoir
titres de baronnies, comtés et marquisats, se retireront
par devers nous pour leur estre pourvus de Lettres nécessaires.

Nous nous contenterons de ces deux citations,
dont le fond était toujours reproduit dans un
article quelconque de n'importe quelle charte, pour
faire voir que la condition légale du sol des colonies
était bien celle du régime féodal, même dans ce
que ce dernier commençait alors d'avoir de suranné.
Il s'ensuit qu'une compagnie, avec sa charte, se
trouvait pour ainsi dire dans la même situation
qu'un conquérant du moyen âge, lequel, une fois
qu'il avait mis la main sur une contrée, s'empressait de tailler dans le territoire conquis une
certaine quantité de fiefs qu'il répartissait entre ses
compagnons, d'après cet ordre particulier qu'on a
appelé la hiérarchie féodale. C'est de cette façon,
on s'en souvient, que procéda Guillaume le Bâtard
après la bataille d'Hastings, que procédèrent les
croisés après la prise de Jérusalem, etc.

Si, après la question du transport des colons et de la concession des terres, nous nous arrêtons aux redevances foncières, leur montant dépendait des circonstances et variait avec les personnes, les temps, les lieux et les compagnies.

Il est bon d'ajouter également qu'il était différent, selon que la concession avait été accordée en roture ou en fief.

Ainsi les terres d'une compagnie étaient-elles données en roture ?

La redevance que le tenancier devait verser, à perpétuité, s'élevait, chaque année, tantôt à six deniers « les mil pas quarrez », soit cinq sous l'hectare, tantôt au double, tantôt à un sol, deux sols et même six sols l'arpent, en dehors, bien entendu, de ce que, dans nos anciens baux, on nomme « les menus suffrages ».

Quant aux terres érigées en fief, en raison des charges féodales qu'elles emportaient pour leur propriétaire, la redevance due à leur sujet était moins forte.

Si l'on s'en tient, par exemple, aux tarifs qu'avait fixés, pour le territoire de Madagascar, la Compagnie des Indes orientales de 1664, on constate que la redevance annuelle des terres en fief ne dépassait pas « six sols pour arpent, six poulles et

six chapons sur cent arpents », tandis que la redevance des terres en roture était de « neuf sols pour
arpent et une poulle sur dix arpents [1] ».

1. Consulter à ce sujet notre ouvrage intitulé : *Louis XIV
et la Compagnie des Indes orientales de* 1664, pages 178 et 179,
Paris, Calmann Lévy.

V

C'est par une erreur qui a eu sa source dans le régime féodal
de la propriété foncière aux colonies, qu'on a prétendu que
celles-ci avaient été peuplées à l'origine par des cadets de fa
mille. — Démonstration qu'il n'a pu en être ainsi. — Ce
qu'il advenait des dépenses faites par une compagnie lorsque
son privilège était expiré, et des revenus qu'elle avait tirés
jusque-là de ses colonies. — Cause secrète de la haine qu'au
moment de la Révolution les colonies montrèrent à l'égard des
compagnies.

Nous craindrions de fatiguer nos lecteurs en nous
attardant à de trop nombreux rapprochements entre
le présent et le passé. Cependant, lorsqu'on considère
que les redevances d'autrefois n'étaient jamais dues
que la deuxième et souvent la troisième année de la
mise en culture des terres, on est contraint d'avouer
que ce système des redevances était de beaucoup
préférable à la vente actuelle des terres dans nos
colonies; vente, on le sait, qui exige toujours la

possession d'un petit capital initial, ne serait-ce que
pour faire face aux premiers versements. D'autre
part, comme il était toujours admis que le payement
aurait lieu en nature, avec le produit des plantations, il est évident, à moins d'intempéries particulièrement désastreuses, que l'ancien colon devait
se trouver rarement dans l'impossibilité de payer
aux échéances ; en tout cas, il n'avait, à proprement parler, jamais à redouter une éviction.

En dépit de notre désir d'éviter les digressions,
il est un point sur lequel nous croyons utile de
dire quelques mots en passant. Nous voulons parler de la faculté dont jouissaient les compagnies
de créer des barons, des comtes, vicomtes, marquis,
ducs, etc. Car on a là l'explication toute naturelle
de la prodigieuse quantité de familles titrées ou
simplement dotées de la particule, qu'on rencontre
encore de nos jours dans nos anciennes colonies, ou
qui, pendant les guerres de la Révolution et de
l'Empire, ont reflué en France.

Sans en chercher plus long, beaucoup avaient
conclu de ce fait, dont chacun était frappé, que nos
colonies avaient été originairement peuplées de cadets
de familles nobles, forcés d'aller dans les contrées
d'outre-mer reconstituer le patrimoine dont le
droit d'aînesse les avait frustrés. De là ce préjugé,

répandu partout, mais qu'on ne saurait trop combattre, puisqu'il ne repose sur rien de vrai, que
notre émigration aux colonies eut jadis pour cause
l'existence du droit d'aînesse.

Sous l'ancien régime, en effet, à moins d'être absolument ignorant de ce qui existait dans la vieille
France, on sait que les plus grands débouchés étaient
ouverts aux cadets de famille dans la marine, le clergé,
surtout dans les armées, et cela non seulement en
France, mais dans les autres pays d'Europe. Il n'y
avait donc pour eux aucune raison de s'expatrier
aux colonies. Ce débouché ne leur était pas nécessaire.

Dira-t-on qu'ils s'y rendaient dans le but de se
créer là-bas une plantation qui les mît sur un pied
de fortune en rapport avec leur nom et leur rang?
Mais cette hypothèse serait d'autant moins acceptable
que, rien que pour un défrichage du sol, l'achat des
esclaves, les frais de premier établissement, etc., il
leur aurait fallu un capital relativement considérable,
dont il n'est pas admissible qu'ils disposassent, et qui,
en tous cas, leur aurait été plus que suffisant pour
faire bonne figure dans la mère patrie.

Quant à s'imaginer que les cadets seraient partis
dans les contrées d'outre-mer comme simples engagés ou petits concessionnaires, il serait puéril et

même insensé de l'admettre. C'était une condition
infime, pénible, qui exigeait un travail manuel
pour lequel ils n'étaient point faits. Et l'on peut être
sûr qu'ils s'en seraient d'autant moins bénévolement
accommodés que, sans quitter la France et sans déroger, il leur aurait été cent fois plus facile d'obtenir mieux.

Au surplus, il n'y a qu'à parcourir les registres
d'émigrants qui nous restent de cette époque, pour
constater *de visu* que les quatre-vingt-dix-neuf cen-
tièmes de ceux qui sont allés s'établir aux colonies
sous l'ancien régime appartenaient au peuple proprement dit.

Sans doute, dans une certaine mesure, il serait
permis de nous opposer un chiffre comparativement
élevé de noms d'anciennes familles métropolitaines,
que l'on a retrouvés là-bas. Mais, si l'on y veut
bien réfléchir, on comprend tout de suite que l'existence de ces noms n'a pas dû avoir d'autre cause
que celle même qui a fait donner des noms de
localités de France à tant d'endroits de nos colonies :
c'est-à-dire que ce fut le désir chez les colons venant
en bande de conserver le souvenir du pays natal et
d'en avoir avec eux un semblant de réduction.

Il est donc présumable que, dans le principe, ces
noms furent donnés par leurs camarades à quelques

colons, et que ces noms, qui n'étaient alors que des surnoms ou des sobriquets, finirent à la longue par rester à leurs descendants; lesquels, bien entendu, par la suite, durent les porter de très bonne foi, sans croire à une usurpation.

Nous nous empressons de le déclarer, ce n'est là de notre part qu'une hypothèse ; mais, quand de semblables substitutions de noms se produisent encore de nos jours sur le sol de France, pourquoi jadis n'en aurait-il pas été de même aux colonies; aux colonies où, durant les deux ou trois premières générations, il est à la connaissance de tous que les registres de l'état civil furent déplorablement mal tenus?

Nous ne pensons pas qu'il y ait lieu d'insister davantage sur cette question. Mais, de même que l'examen des chartes de nos anciennes compagnies de colonisation nous renseigne sur ce fait, que, dans nos établissements d'outre-mer, il existait sous l'ancien régime une noblesse coloniale, qui se distinguait naturellement de celle de la métropole en ce qu'en France elle ne jouissait d'aucun de ses droits, de même encore, en nous révélant le caractère féodal de la propriété dans les colonies, la lecture de ces mêmes chartes nous apprend de quelle espèce étaient les revenus que les compagnies retiraient de la vente de leurs terres.

Ces revenus étaient perpétuels, non seulement en ce sens qu'ils étaient dus à perpétuité par les tenanciers, mais en ce sens encore qu'ils étaient dus à perpétuité à la compagnie ou à ses ayants droit.

Lorsqu'une compagnie, en effet, venait à manquer à quelque article de sa charte et voyait pour cette cause la déchéance prononcée contre elle, ou bien lorsque, à l'expiration de son privilège, il ne lui avait pas été possible d'en obtenir la prolongation, il ne faut pas se figurer du tout qu'elle perdait par cela même le fruit de toutes les dépenses d'une utilité durable qu'elle avait pu faire dans ses possessions, depuis sa création.

L'équité ne l'aurait pas permis. En pareil cas, la compagnie était d'abord toujours remboursée, après estimation, de la valeur de ses forts, de ses canons, de ses armes, de ses munitions, etc., en un mot de tous les moyens de défense ou de toutes les constructions utiles qu'elle possédait dans ses colonies.

Et l'on ne s'en tenait point là. Toutes les terres en outre qu'elle avait mises en culture ou qu'elle faisait valoir lui demeuraient en propre. Enfin, elle avait droit à perpétuité aux redevances qu'elle avait jusque-là touchées pour les terres dont la distribution avait été opérée par ses soins. De sorte que si, comme il arrivait d'ordinaire, une nouvelle compagnie lui était subrogée, cette dernière ne recevait en propriété que les terres encore libres, et c'était seulement avec ces terres qu'elle pouvait à son tour se créer des revenus.

Ajoutons, en passant, que ces redevances perpétuelles donnent la raison des plaintes unanimes qui, au moment de la Révolution, s'élevèrent en foule de tous nos pays d'outre-mer contre les anciennes compagnies. Comme il était exceptionnel que quatre ou cinq compagnies au moins sous l'ancien régime ne se fussent pas succédé dans une même colonie, il s'ensuivait que la presque totalité de ses habitants, pour l'occupation de leurs terres, avaient à verser chaque année une certaine somme aux héritiers des anciens membres de ces compagnies ou à ceux qui avaient acheté leurs droits.

Assurément ces redevances n'avaient rien qui permît de les confondre avec les droits féodaux dont la France demandait alors l'abolition. Elles étaient, au contraire, des plus légitimes, puisque, après tout, elles représentaient le revenu d'un capital dont les tenanciers primitifs avaient bénéficié, et sans lequel, la chose est probable, les ancêtres de la plupart des réclamants n'auraient peut-être jamais eu le moyen d'aller aux colonies et d'y faire fortune.

Leur source, si l'on veut bien tout considérer, aurait pu difficilement être plus pure. Et elles méritaient d'autant plus de respect qu'on n'aurait pas aisément cité des compagnies, depuis Louis XIII, qui n'eussent point perdu la majeure partie de leur capital de fondation. Mais est-ce qu'après cent ou cent cinquante années, le souvenir des services rendus s'était perdu, ou pour une autre cause ? Peu importe. En tout cas, ce que l'on sait bien, c'est que, devant les jérémiades venant de partout et de tous, ces redevances furent assimilées aux droits féodaux et supprimées comme tels, sans que la Révolution ait jamais payé à leurs titulaires ce qu'on leur avait promis comme indemnité.

Nos lecteurs étant maintenant aussi renseignés que possible sur ce qui est relatif à l'embauchage et au transport des colons, sur les conditions auxquelles on leur distribuait des terres, ainsi que sur le fonctionnement des anciennes compagnies, ou, si l'on aime mieux, sur les mobiles qui les dirigeaient, nous reprenons le fil de notre étude, et nous allons exposer les divers moyens dont se servit la royauté pour augmenter l'action des compagnies et les mettre en mesure d'imprimer une vigoureuse impulsion à leur colonisation.

VI

Étant donné les dépenses à faire, comme les compagnies auraient mis des années et des années avant d'arriver aux résultats désirés, le roi jugea nécessaire de les aider indirectement
dans leur œuvre. — Il leur accorda d'abord ce privilège, que
tout Français qui aurait perdu sa qualité et ses droits de Français en allant s'établir hors de France, les conserverait pour
lui et ses enfants, si c'était sur le territoire de ces compagnies qu'il allait se fixer. — Le roi détourna ainsi, au bénéfice des compagnies, tous les courants d'émigration qui
pouvaient exister alors.— Mais il ne s'en tint pas à cette mesure.

Lorqu'on est pénétré des difficultés pratiques et
des frais inhérents à la nature des entreprises dont
étaient chargées les compagnies, il n'en faut pas
plus pour se rendre compte qu'en raison des dépenses relativement énormes, nécessitées dans les premiers temps, par le passage et l'entretien des colons,
par le défrichage des terres, les achats de matériel,
la mise en défense des colonies, etc., pour se rendre
compte, disons-nous, qu'il aurait fallu des années

et des années et avec cela des capitaux infinis, avant qu'une compagnie eût pu arriver, par ses propres ressources, à des résultats un peu appréciables, ou du moins capables de contenter le roi. Aussi, si l'on tenait à ce que les compagnies fissent vite et bien, était-il nécessaire d'attirer autour d'elles des concours de toute sorte, et indispensable notamment de faire que les courants d'émigration, existant déjà ou qui pouvaient se produire par la suite, vinssent se mettre sous leur direction, et fussent poussés à entrer dans les cadres qu'elles organiseraient.

Ce n'était vraiment qu'à cette double condition que les compagnies pussent avoir une chance réelle d'aboutir, et bien entendu d'aboutir rapidement.

Que sur toutes ces questions, il y ait eu entente et concert préalable entre le roi et les compagnies, il n'est pas possible d'en douter, lorsque l'on a la curiosité de lire leurs chartes. Car il n'y en a pas une où l'on ne trouve quelques-unes des dispositions dont nous allons nous occuper, et dont l'objet calculé et apparent, on va le voir, était à la fois d'amener une foule de personnes à prêter leur appui aux compagnies, et de recruter en faveur de ces dernières tous les éléments de la population susceptibles de s'expatrier.

Par exemple, au xviie et au xviiie siècle, c'était un acte beaucoup plus grave qu'on le supposerait de nos jours, de quitter sa patrie pour aller se transplanter au dehors.

Aujourd'hui, quelle que soit sa nationalité, un homme peut, presque sans aucun désagrément, se fixer à demeure dans toute contrée qu'il désire. Dans n'importe quel pays hors du sien où il se transporte, il a en effet le droit de posséder, de tester, de vendre, d'acheter, d'hériter. Nous parlons, bien entendu ici, des pays où la civilisation européenne a pénétré. Pour toutes ces choses, il jouit à peu près des mêmes facilités que les régnicoles eux-mêmes. En ce qui regarde son domicile, il n'a à supporter que certaines exigences de police, qui ne sont que très exceptionnellement appliquées et qui visent, d'ailleurs, des cas déterminés. Il y a là un progrès humanitaire, cosmopolite si l'on veut, qu'il faut mettre à l'actif de la France du xviiie siècle et de la Révolution.

Mais, aux siècles dont nous parlons, il était loin d'en aller de même.

Être du pays que l'on habitait constituait alors un véritable privilège. Ce n'était qu'à grand'peine et par une tolérance pouvant cesser du jour au lendemain, que l'étranger obtenait le droit de séjour dans une contrée; et, en ce cas, il lui était interdit d'y avoir des immeubles et d'y hériter; et, lorsqu'il venait à mourir, tout ce qu'il y possédait tombait sous le coup du droit d'aubaine, c'est-à-dire que ses biens revenaient au prince, ou, si l'on aime mieux, à l'État.

C'était donc à cette époque pour un homme une question capitale que celle de ne pas perdre sa nationalité. Aussi, quand un Français roulait en son esprit le projet de porter ses pénates à l'étranger, la première objection qui se présentait à sa pensée était-elle celle-ci : « Partir là-bas, sans doute, j'y serais mieux, et plus à l'aise. Mais, si je m'y marie et qu'il me vienne des enfants, ils seront étrangers, je ne pourrai leur laisser mon bien; ils n'auront pas la qualité de Français, que je pourrais leur transmettre ici, avec tous les droits qui en dérivent. Le testament que je ferai là-bas à leur avantage sera sans valeur. Et, s'il leur plaît jamais de rentrer en France, le roi et la loi ne les considéreront plus que comme des forains, c'est-à-dire comme des étrangers. »

Il est certain que la perspective d'une pareille situation dut jadis arrêter bien des personnes qui, autrement, se seraient décidées à émigrer. Et il n'est pas douteux que la plupart de celles qui avaient passé outre avaient dû être profondément affectées des conséquences qu'aurait peut-être un jour pour elles leur expatriation.

Or, si l'on était arrivé à résoudre cette question au profit des compagnies, il saute aux yeux que ç'aurait été leur conférer un privilège des plus sérieux et d'une haute importance ; et il est clair que, tout en ne coûtant rien au trésor royal, ce privilège se serait on ne peut mieux accordé avec le dessein de la royauté d'avoir ses colonies peuplées de Français.

Il n'y avait qu'à faire en sorte que tous les individus qui voulaient émigrer, se rendissent de préférence dans les possessions d'une de ces compagnies. L'ancien régime avait trop de sens pratique pour n'avoir pas vu tout de suite le bénéfice qui était à tirer de cette situation.

Aussi, que l'on consulte à ce propos toutes les chartes des compagnies, lesquelles chartes constituaient, dans l'espèce, autant d'édits et d'ordonnances, et l'on verra combien elles sont unanimes sur ce point.

Ordonnons, dit par exemple celle de la *Nouvelle-France* de 1628, que les descendants des François qui s'habitueront audit pays, ensemble les sauvages qui seront amenés à la connoissance de la Foy et en feront profession,

soient désormais censés et réputés pour naturels françois, et comme tels puissent venir habiter en France
quand bon leur semblera et y acquérir, tester, accepter
donation et legs, tout ainsi qne les vrais regnicoles et
naturels françois, sans estre tenus de prendre aucune
Lettre de déclaration ni de naturalité.

Comme autre exemple, nous pouvons citer également la charte de la «·Compagnie des isles de l'Amérique ».

Elle n'est pas moins explicite à cet égard, comme
au reste toutes les autres chartes qui furent octroyées
sous l'ancien régime.

Et d'autant, y lit-on effectivement, qu'aucuns de nos
sujets pourroient faire difficulté de transférer leur
demeure ès dites isles, craignant que leurs enfants perdissent leurs droits en ce royaume, Nous voulons et
ordonnons que les descendans des François habitués ès
distes isles et mesme les sauvages qui seront convertis à
la foy chrétienne et en feront profession, soient censés
et réputés naturels françois, capables de toutes charges,
honneurs, successions et donations, ainsi que les originaires et régnicoles, sans estre tenus de prendre Lettres
de déclaration ou de naturalité.

Nous avons beau nous targuer de nos jours d'être
au point de vue humanitaire beaucoup plus avancés
que le xviie siècle, ces deux extraits nous forcent

8.

d'avouer que, par un côté au moins, ce dernier siècle
nous dépassait. Tout le monde sait, en effet, que les
indigènes de nos colonies actuelles : Algérie, Tunisie,
Sénégal, Cochinchine, etc., attendent encore des
facilités semblables à celles que Louis XIII avait
jugé bon d'édicter en faveur des « sauvages » de
son temps, pour leur permettre d'acquérir la qualité
et les droits de citoyen français.

Quoi qu'il en soit, on ne peut contester que c'était
déjà un très grand point et d'une utilité capitale,
que d'amener, par cette habile mesure, tous les
courants d'émigration à aller se déverser dans les
endroits de leurs pays de concession où les compagnies avaient le dessein de développer la colonisation ;
mais le roi n'avait pas entendu s'en borner là :
il voulut faire davantage. Il projeta, en outre, de
faire tous ses efforts pour provoquer dans les différentes couches sociales de France le goût de la colonisation et des entreprises coloniales. Dans tout ce
qu'il fit en cette circonstance, son intention était
évidemment de procurer aux compagnies une certaine catégorie de colons sur lesquels elles n'auraient
peut-être jamais eu à compter, ou plutôt qui
seraient peut-être restés des années avant de songer
d'eux-mêmes à passer aux colonies et à y mettre des
terres, des mines ou des forêts en valeur.

VII

Afin d'amener la bourgeoisie de France à créer de grandes
plantations dans les colonies, le roi promit d'anoblir tous ceux
qui, pendant un temps déterminé, iraient aux colonies pour
y installer d'importants établissements agricoles. —Comme des
artisans étaient absolument indispensables, moyen employé
par lui pour que les compagnies en eussent autant que les
besoins de leurs colonies pouvaient en exiger.—Mais ce n'était
pas le tout d'avoir aux colonies des artisans et des gens disposant de grands capitaux, il fallait encore des ouvriers,
des travailleurs.

Nos lecteurs ne doivent pas avoir oublié que
Louis XIII avait déjà pris une décision dont l'effet
devait être d'assurer aux compagnies des colons
provenant des hautes classes de la société : c'est
lorsqu'il avait déclaré que tout membre du clergé
ou de la noblesse et les hauts fonctionnaires avaient
le droit, sans déroger ni perdre aucune de leurs
prérogatives, non seulement de souscrire des actions
de compagnies de colonisation, mais de commercer

aux colonies et d'y avoir des plantations. Il est évident qu'il avait cherché ainsi à racoler au profit des compagnies des colons d'une certaine espèce, disposant de gros capitaux et capables par conséquent, si la fantaisie les prenait de se rendre aux colonies, de mettre d'immenses étendues de terre en culture, d'ouvrir des mines, de s'engager, en un mot, dans des opérations exigeant de grosses avances d'argent.

Cependant, comme, au xviie siècle notamment, la noblesse et le clergé avaient beaucoup trop à faire dans la métropole pour penser à s'en aller coloniser, le roi avait senti que c'était principalement dans la bourgeoisie qu'il avait vraiment chance de trouver des colons de ce genre ; aussi est-ce de ce côté qu'il résolut d'opérer.

Dans les finances, le commerce, l'industrie, ou vivant de ses rentes, le tiers état, en effet, renfermait alors une classe aisée, riche même, dont l'unique ambition, puisque ce n'était pas la fortune qui lui manquait, était de sortir de sa condition sociale, en essayant de pénétrer dans l'ordre de la noblesse. Le roi ignorait si peu cette ambition que, lors de la constitution du capital de plusieurs compagnies, il avait remis aux initiateurs une certaine quantité de lettres de noblesse, destinées aux bourgeois qui prendraient le plus de parts. Eh bien, c'est de nouveau à elle qu'il décida de s'adresser, non plus cette fois pour obtenir des souscriptions, mais pour déterminer cette bourgeoisie influente, instruite et riche, à se transporter en personne aux colonies afin d'en exploiter les richesses naturelles. Il arrêta en conséquence de faire de l'anoblissement la récompense des services notables qui seraient rendus à l'œuvre de la colonisation.

L'idée en soi, tout bien considéré, était d'autant meilleure que, toute autre question à part, l'exemple donné par cette couche de la population devait être fatalement contagieux près des autres.

De là, dans certaines chartes, des clauses semblables à celle dont voici un extrait :

Pour convier nos sujets à cette glorieuse entreprise et si utile à cet Estat, dit Louis XIII à propos de la « Compagnie des isles de l'Amérique », nous promettons à ladite Compagnie de faire expédier quatre brevets de noblesse dont elle disposera en faveur de ceux qui occuperont et habiteront à leurs frais quelques-unes desdités isles, sous l'autorité de ladite Compagnie, et y demeureront pendant deux années, avec £0 hommes au moins.

Il est superflu de faire observer que les brevets dont il est question ici conféraient la noblesse non

pas seulement dans la colonie, mais dans la métropole

Ce qui donne à croire que l'idée de ces brevets
dut avoir le plus grand succès, c'est que, la compagnie ayant été déchue de son privilège, le roi, à qui
ses établissements revenaient, n'eut rien de plus pressé
que d'appliquer l'idée en grand ; car il publia, le jour
même de son entrée en possession, qu'il s'engageait à
« ériger en fief, avec haute, moyenne et basse justice, les terrains de 4 ou 500 arpens qui seroient establis en quatre ou cinq ans et auroient 60 engagés
et 80 nègres ». La seule condition accessoire qu'il y
mettait était « d'y planter des mûriers pour l'élevage
des vers à soie ».

Il n'est pas téméraire de penser que les descendants
des « nobles » créés de ce chef se sont cru plus tard
grandement intéressés à répandre le préjugé dont il
a été parlé plus haut, que nos colonies avaient été
peuplées de cadets de noblesse.

La libéralité de l'ancien régime en ce qui regardait les anoblissements pour « faits coloniaux »
alla en principe si loin, que, si les projets de
Louis XIV relatifs à la colonisation de Madagascar avaient abouti, en moins de vingt années,
étant donné la superficie de cette contrée par rapport à celle de la France, la noblesse de la mé-

tropole aurait ni plus ni moins que doublé; vu que ce monarque, dans un édit, avait purement et simplement accordé à la Compagnie le droit « de bailler des portions de terres à telle personne que bon lui sembleroit sous des titres honorables de marqui- -sats, comtés, vicomtés, baronnies, chastellenies, justice haute, moyenne et basse, droit de présentation aux bénéfices, pouvoir d'y bastir maisons et chasteaux à ponts-levis »; ajoutant que les personnes à qui la Compagnie aurait concédé « lesdites terres ainsi qualifiées et qui auroient demeuré actuellement cinq ans en ladite isle, estant de retour en France, pour-roient se qualifier du nom et titres desdites terres, et porter les armes qui y sont attribuées tout ainsi que ceux qui ont des terres avec pareils titres dans le royaume de France »[1].

Ce serait assurément une question fort intéres-sante que celle de savoir d'une manière positive à combien se sont élevées en argent ou en hommes les ressources que nos colonies retirèrent des anoblissements ainsi octroyés. Mais, en s'en tenant à l'importance que la bourgeoisie attachait alors aux

---

1. Voir sur ce point notre volume : *Louis XIV et la Compagnie des Indes Orientales de* 1664, pp. 167 et 168, Paris, Calmann Lévy.

titres de noblesse, on doit présumer qu'elles durent être fort sérieuses. Il est même probable que beaucoup de bourgeois, partis là-bas dans l'unique but de se faire anoblir, après leurs années de séjour obligatoire, durent y demeurer tout à fait, retenus par les commodités de l'existence créole, qui devait · étrangement contraster pour eux avec la vie étroite et fermée de la mère patrie.

Quoi qu'il en soit, que les ressources en hommes ou en argent que l'on procura de la sorte aux colonies aient été ou non considérables, pour ce qui a trait à notre étude, ce n'est là qu'une question secondaire. Ce dont, en tous cas, on peut être convaincu, c'est que ce ne devait pas être avec les quelques milliers de bourgeois qu'on aurait pu décider ainsi à s'embarquer, qu'une compagnie aurait eu la possibilité d'organiser une large colonisation.

Sans doute, ces bourgeois auraient apporté avec eux des capitaux et l'esprit de direction, deux facteurs d'ordre économique importants et même indispensables.

Mais ce n'est pas uniquement avec de l'esprit de direction et des capitaux qu'on peut établir de vastes et fructueuses plantations; ce qu'il faut, surtout, c'est le travailleur, c'est-à-dire la main-d'œuvre. Il n'y avait, en effet, qu'avec des travailleurs, qu'on

pouvait avoir des colons en nombre, et par conséquent, qu'on pouvait posséder tout ce qu'il fallait
pour constituer des colonies à la fois grandes, fertiles et populeuses.

Il y avait donc à pousser les travailleurs de France
à émigrer. De là, pour obtenir ce résultat, dans les
chartes, plusieurs combinaisons très bien imaginées, très bien conçues et fort curieuses.

Aux siècles dont nous nous occupons ici, la production n'était pas du tout organisée comme elle l'est
à notre époque. Aujourd'hui, tous les produits, de
quelque nature qu'ils soient, qu'il s'agisse de tissus,
de charpente, d'objets en fer, de menuiserie, ou autres,
se fabriquent en grand, d'après des types com-
muns, et, s'il y a lieu, on les exporte tout manu-
facturés de France aux colonies. Autrefois, au
contraire, la métropole fabriquait au fur et à mesure de ses besoins; la *grande fabrication*, si l'on
peut ainsi dire, n'existait que pour quelques spé-
cialités de produits. Il s'ensuivait que, dans les colonies, il y avait presque tout à fabriquer sur place, et
que c'étaient des producteurs, des artisans, et non
des produits qu'il y avait à embarquer.

Or comment faire pour approvisionner les colonies
de tous les ouvriers industriels dont elles pouvaient
avoir besoin? C'était là une question capitale.

9

Il était impossible aux compagnies de se dispenser de pourvoir leurs possessions de travailleurs de cette espèce ; car, sans eux, on y aurait manqué de tout, et la vie y aurait été impraticable pour des Européens. Mais en envoyer, cela, dans la pratique, offrait un double inconvénient. En premier lieu, le nombre de ces ouvriers, relativement à celui qu'on voit de nos jours, était alors si mesuré, si restreint, qu'ils étaient presque toujours assurés d'avoir du travail dans la métropole. Il en résultait qu'on ne pouvait les faire consentir à partir qu'en les alléchant par l'appât de gros salaires. On peut conclure de ce fait à quelles grandes dépenses les compagnies auraient été entraînées.

Puis, supposons ces ouvriers partis, une fois leur engagement avec la compagnie terminé, on pouvait être d'autant plus sûr qu'ils ne resteraient point dans la colonie et l'on devait s'attendre d'autant plus à ce qu'ils voudraient revenir en France, d'où, par conséquent, on aurait eu à en envoyer d'autres pour les remplacer ; qu'ayant vécu là-bas plutôt en qualité d'employés appointés qu'en ouvriers, ils n'auraient jamais eu occasion, pour ainsi parler, de se mêler aux colons véritables, de frayer avec eux, de prendre goût à leur genre de vie et d'entrer dans leurs rangs.

Dans cette occurrence, le roi se déuuda pour une idée
qui était suggérée par le bon sens le plus pratique, et à
laquelle, chose qu'il n'est pas mauvais de remarquer,
tout le monde trouvait son compte : les ouvriers, les
colons, la compagnie, l'œuvre elle-même de la colonisation.

Nos corporations, à ce moment-là, regorgeaient
d'une foule d'excellents « compagnons », rompus à
la connaissance théorique et technique de leur métier,
mais à qui l'impossibilité de payer les frais de
réception interdisait à jamais la maîtrise. Un article
dont on peut facilement mesurer la portée fut inséré
dans toutes les chartes, et cet article, sauf de légères
variantes de forme, édictait au fond la même chose
que le suivant, qui est emprunté à la charte de la
Compagnie de la Nouvelle-France de 1628 :

... Et pour exciter davantage plus de nos sujets à se
transporter ès dits lieux et y faire toutes sortes de manufactures, peut-on lire effectivement dans cet article, Nous
avons accordé que tous artisans qui auront exercé leurs
arts et métiers en ladite Nouvelle-France durant six ans,
en cas qu'ils veuillent retourner en ce royaume, soient
réputés pour maistres de chefs-d'œuvre, et puissent tenir
boutique ouverte dans nostre ville de Paris et autres
villes, en rapportant certificat authentique dù service ès

dits lieux, et pour cet effet tous les ans, à chaque embarquement, sera mis un rôle au greffe de la marine de ceux que la Compagnie fera passer à la Nouvelle-France.

Ainsi, avec cette combinaison, le roi faisait d'une pierre deux coups. En même temps que, sans aucune dépense pour les compagnies, il assurait aux colonies les artisans qui leur étaient nécessaires, en ce qui regardait ces derniers, il résolvait une difficulté qui, en raison de l'organisation industrielle de l'époque, constituait réellement pour eux une véritable question sociale. Il leur donnait la faculté de devenir maîtres sans avoir à faire face aux dépenses relativement fort grandes que leur réception à la maîtrise aurait exigées.

Mais ce n'était pas seulement des bourgeois ou des artisans qu'il fallait aux compagnies pour établir leur colonisation. Ce dont, en fait de colons, elles avaient par-dessus tout besoin, c'était de manœuvriers, d'agriculteurs, de gens ayant l'habitude de travailler la terre et de faire des cultures.

Il est évident que ces derniers pouvaient seuls constituer les éléments essentiels et former la base même de la colonisation, et l'on sent aisément que, sans eux, il aurait été impossible aussi bien de créer des plantations coloniales que d'avoir un fonds solide et dense de population.

Or, afin de donner aux compagnies le moyen de se procurer de ces ouvriers en aussi grand nombre qu'elles pouvaient en avoir besoin, le roi estima que, dans l'affaire, ils ne devaient pas être moins bien partagés que les artisans, sous le rapport des facilités et des encouragements qu'il se proposait d'accorder pour exciter à l'émigration.

VIII

Difficultés rencontrées aujourd'hui par le Français qui veut
aller aux colonies. — Ces difficultés n'existaient pas sous
l'ancien régime. — Avantages que l'institution des engagés
présentait pour le développement de l'émigration. — Ce
qu'était cette institution. — Preuves que si, pendant un certain temps, elle fut utile aux compagnies pour leur procurer
des colons, elle leur devint onéreuse, et que le roi la leur
imposa, tant il était préoccupé avant tout du peuplement
des colonies et des facilités à donner à ceux qui voulaient
s'expatrier.

Nous avons eu occasion plus haut d'exposer en
quelques traits les différences existant, pour arriver
respectivement à leurs fins, entre un Français de l'ancien régime qui voulait partir pour les colonies, et
un Français de nos jours se trouvant dans le même
cas. Aujourd'hui, disions-nous en substance, lorsque, après les plus grandes peines, celui qui veut
émigrer est parvenu à jeter son dévolu sur la contrée où il ira planter sa tente, il lui faut gagner

un port de mer, attendre une occasion pour s'embarquer au rabais ; puis, quand il est arrivé au lieu de sa destination, il doit essayer, les dieux savent au prix de quelles démarches et de combien de temps, il doit essayer d'obtenir une concession. Et nous démontrions qu'au contraire, au XVIIe et au XVIIIe siècle, c'étaient là autant de choses des plus faciles et des plus simples.

Or, qu'on nous permette maintenant de continuer notre comparaison, en supposant un Français de nos jours arrivé là-bas et pourvu de toute la quantité de terre qu'il a réclamée.

Ce Français, nous demandons qu'on veuille bien nous dire à qui il s'adressera pour les conseils qui lui sont nécessaires, aussi bien relativement au genre de plantation qu'il devra préférablement choisir, que sur le meilleur mode de culture à adopter. Puis, en outre, qui s'occupera de lui, qui se souciera de le renseigner à propos des principes d'hygiène dont l'inobservance aurait pour effet de compromettre sa santé ou de le vouer irrémédiablement à la mort ?

Qu'on cherche. Il n'y a personne. Pour toutes ces questions d'une importance de premier ordre, il est condamné à des tâtonnements et à des essais, qui épuisent ses avances ou dont l'insuccès le décourage ; et, en ce qui touche sa santé, à chaque instant il court le risque de se voir atteint de maladies dont il peut mourir, et que quelques recommandations banales l'auraient mis à même d'éviter.

Eh bien, c'est par là que nos lecteurs vont commencer à se rendre compte de la valeur de ce qui avait été fait par l'ancien régime, dans le but d'encourager le peuple proprement dit à l'émigration.

Toutes ces questions qui, sans contredit, sont d'un ordre capital pour tout homme qui passe de la métropole aux colonies, l'ancien régime les avait, en effet, victorieusement résolues au profit des Français qui voulaient aller coloniser ; et il les avait résolues uniquement en établissant à leur intention ce que nous appellerons pour plus de commodité l'institution des engagés.

Qu'était-ce donc qu'un engagé ?

L'engagé aux colonies était un homme qui, de par une coutume passée à l'état de loi, était obligé de travailler durant trois années pour le compte de celui à qui il s'était loué. De là le sobriquet de *Trente-Six Mois* sous lequel, dans la métropole comme dans les contrées coloniales, on avait pris l'habitude de le désigner. Mais, toujours de par la même coutume, en échange de ces trois années de travail, l'engagé avait droit à être trans-

porté de France, nourri, logé, vêtu, entretenu ; il
touchait quelquefois, en outre, une petite rétribu-
tion ; puis, ces trois années écoulées, son patron, son
propriétaire ou son maître, comme on voudra,
devait s'arranger pour lui allouer ou lui faire allouer en toute propriété, moyennant bien entendu
la redevance ordinaire, l'étendue de terre qu'il était
capable de cultiver. Nous dirons toutefois que ce
dernier avantage n'en était pas un, attendu que
les compagnies étaient trop heureuses, moyennant
une redevance annuelle, de se défaire de leurs
terres.

Au xvii⁰ et au xviii⁰ siècle, si l'on se rappelle les
publications que les compagnies faisaient faire dans
tous les villages soit par voie d'affiches, soit au
prône des grand'messes, il tombe sous le sens que
quiconque avait la velléité de quitter la mère patrie
pour les pays d'outre-mer, ne pouvait éprouver aucun
embarras.

Dans l'atmosphère intellectuelle ambiante, il trouvait toutes les indications dont il devait avoir besoin, tant sur les colonies, les différents modes
de colonisation, et les conditions qui étaient faites
par les compagnies, que sur les ports où stationnaient
les vaisseaux pour s'embarquer, les chances de réus-
site, etc. C'était là, en effet, autant de sujets sur les-

quels le premier venu pouvait être presque tout de suite renseigné.

Dans ces conditions, en partant de l'hypothèse d'un homme totalement dépourvu d'argent et qui avait le désir d'aller s'établir dans une colonie, il avait simplement à gagner le port que· la compagnie, qui possédait cette colonie, avait affecté à ses embarquements ; car une compagnie était toujours astreinte à se choisir un port spécial, d'où ses navires mettaient à la voile et où ils venaient se décharger. Et, une fois dans ce port, il ne lui restait plus qu'à s'aboucher avec les agents de la compagnie et à signer avec eux un engagement, lequel, nous le répétons, de par la coutume, était toujours de trois ans.

Quelquefois, il est vrai, dans la crainte d'attendre trop longtemps le départ d'un bateau de la compagnie, ou pour s'embarquer dans de meilleures conditions, l'émigrant s'entendait avec un capitaine dont le navire devait se rendre dans la contrée où il voulait aller. Mais l'engagement qu'il passait avec lui était toujours de même durée que celui qu'il aurait signé avec les agents de la compagnie, et n'en différait que sur quelques points insignifiants pour nous.

Dans les deux cas, néanmoins, il y figurait la

clause suivante, qu'une fois l'engagé dans la colonie, le contrat signé avec lui pouvait être cédé à tel ou tel planteur ou autre que le capitaine ou la compagnie jugeait à propos.

En résumé donc, l'engagé était transporté sans bourse délier, puis, pendant trois années, logé, nourri, vêtu, entretenu, soigné, s'il tombait malade; enfin, au bout de ces trois années, il recevait des terres.

Pour s'indemniser de toutes les dépenses auxquelles il était entraîné de ce chef, le maître de l'engagé, ou, si l'on aime mieux, son sous-engageur, n'avait qu'à le faire travailler.

Lorsque l'on n'accorde qu'une attention superficielle à cette institution des engagés, on est porté à n'y voir qu'une chose, à savoir que, moyennant l'aliénation pendant trois années de son travail, un émigrant quelconque de France avait le moyen de devenir propriétaire. Il n'est pas contestable qu'en soi ce résultat aurait été déjà fort beau. Qu'était-ce en effet, pour un malheureux n'ayant aucun bien ou ne disposant que d'un petit pécule, que trois années de sa vie à l'état d'engagé, du moment qu'il était sûr, durant tout ce temps, d'avoir son entretien assuré, et, à la fin, de recevoir un capital foncier plus que suffisant pour le faire vivre ? Est-il beaucoup de nos ouvriers de la métropole qui, après

quarante ou trente années de labeur, arrivent de
nos jours à quelque chose de semblable? Nous
posons simplement la question.

Mais, si l'on examine, au contraire, cette institution
avec soin, et qu'on la considère de près, on est vraiment étonné des conséquences indirectes qu'elle
comportait dans la pratique, et auxquelles, quant à
nous, nous ne mettons pas un seul instant en doute
que l'ancien régime avait tout particulièrement
songé.

Croit-on par exemple que le planteur qui, pour
les trois années de travail de l'homme qu'il avait
engagé, avait dû verser une certaine somme soit à
un capitaine de navire, soit à la compagnie, croit-on
disons-nous, qu'il n'était pas personnellement intéressé à tirer tout le parti possible de son engagé?
Comme il aurait eu à subvenir à toutes les dépenses
de médecin et de remèdes, s'il était tombé malade,
ne saute-t-il pas encore aux yeux qu'il devait tout
faire au monde pour que cet engagé pût supporter
sans danger le climat du pays? N'est-il pas de la
dernière évidence enfin qu'il avait plus d'intérêt que
personne à ce que cet engagé fût dans le plus
bref délai possible initié aux cultures coloniales les
plus avantageuses et aux meilleurs procédés de
travail, puisque, de par son contrat, il était assuré

pendant trois années d'en avoir tout le bénéfice ?

Nous estimons inutile de poursuivre cette analyse plus loin.

Mais, des quelques lignes qui précèdent, il appert qu'en dehors des terres qu'on leur accordait à l'expiration de leur engagement, ces trois années comportaient pour les engagés trois avantages précieux, avantages qui étaient de leur permettre : 1° de s'acclimater ; 2° de s'initier à la connaissance des plantations les meilleures ; et 3° de se perfectionner à fond dans les travaux convenant le mieux à chaque genre de culture. Ces trois années équivalaient donc en réalité à un véritable apprentissage, lequel, on en conviendra, n'était assurément pas trop payé.

Nous avons plusieurs raisons de croire que, dans cette institution des engagés, l'ancien régime n'avait pas moins été guidé par le désir de pousser au rapide peuplement des colonies, que par celui d'ouvrir des débouchés aux gens d'initiative et de volonté qui, s'ils étaient restés en France, n'auraient jamais pu qu'y végéter.

Si le prix auquel les engagés étaient cédés aux colons avait été rémunérateur, il est bien certain que les capitaines de navire et les compagnies en auraient fait l'objet d'une spéculation en grand ; d'autant plus qu'en apparence, les dépenses n'étaient pas excessives, puisqu'elles se réduisaient, sauf à de rares exceptions près, à l'entretien des engagés avant le départ, durant la traversée et après le débarquement, jusqu'à ce qu'on fût parvenu à les caser.

Eh bien, à un certain moment, les capitaines y gagnaient si peu, qu'ils avaient tous renoncé à ce genre d'opération ; c'est au point que le roi, qui tenait au peuplement de ses colonies et qui craignait que l'émigration n'eût à souffrir de la décision des armateurs, crut nécessaire de rendre une ordonnance d'après laquelle, nul vaisseau ne pouvait aller aux colonies sans emmener avec lui un nombre d'engagés proportionné à son tonnage : 2 engagés pour 60 tonneaux et au-dessous, 4 engagés pour un navire de 60 à 100 tonneaux, et 5 pour tous ceux dépassant 100 tonneaux.

Une deuxième preuve est également dans ce fait, que les planteurs s'étant mis sur leurs terres à préférer les noirs aux engagés, un ordre du roi vint leur enjoindre d'avoir, dans leurs établissements, au moins un engagé pour 20 nègres, « sans compter le commandeur ». Et, comme il n'entendait pas que ses ordres fussent éludés, il prit soin de spécifier que l'engagé ne devait pas avoir moins de dix-huit ans.

Mais la raison qui sera peut-être, dans l'espèce,

jugée la plus convaincante, c'est que Louis XIV, en vue de donner un coup de fouet à l'émigration, ayant un jour voulu, de son autorité royale, réduire de trois ans à dix-huit mois la durée des engagements aux colonies, fut obligé de rapporter presque immédiatement son ordonnance. Les protestations qu'elle avait soulevées, en effet, dans toutes nos possessions d'outre-mer, avaient été si vives et si universelles, que l'on avait craint qu'il ne s'ensuivît des complications. C'était évidemment l'indice que l'état de choses existant, avec trois années, était déjà plus qu'onéreux et insupportable, aussi bien pour les capitaines de navires que pour les planteurs [1].

Tout cela atteste donc que la royauté française jusqu'à la fin resta conséquente avec ses principes de politique coloniale ; puisque, après s'être servie dans toute la mesure possible de l'activité et de l'argent des compagnies pour se créer des colonies riches et puissantes, elle en était arrivée à une certaine époque, tant elle était économe de ses deniers, à organiser, aux frais des maîtres de navires et des planteurs, le passage permanent de nouveaux

---

1. On trouvera dans notre 3ᵉ partie, *Notice* nᵒ 5 (page 263 et suivantes) de plus amples détails sur cette intéressante question des engagés.

émigrants aux colonies. Elle n'avait été prise d'aucun scrupule à faire concourir ces maîtres de navires et ces planteurs à l'émancipation matérielle de tous les Français sans fortune qui, dans le but de devenir propriétaires et de s'enrichir, voulaient se transporter dans nos possessions d'outre-mer et s'y établir.

CONCLUSION

La preuve de l'excellence des principes de l'ancien régime réside dans ce fait que toutes ses colonies ont survécu et sont restées françaises, même celles qui depuis plus d'un siècle appartiennent à l'étranger. — Il est certain qu'il n'en serait pas ainsi de nos colonies du XIX° siècle, si elles étaient soumises aux mêmes vicissitudes. — Nous avons donc eu bien raison de dire au début que l'ancien régime avait du bon qu'il aurait fallu conserver. — On reviendra à ses principes en matière coloniale. — Le système des protectorats de M. de Freycinet est un acheminement. — Ce que seraient à cette heure l'Algérie et le Tonkin, si l'on s'y fût conduit comme l'ancien régime aurait fait.

Si, dans l'objet de mettre en évidence tout ce qu'il fit en matière de politique coloniale et de colonisation, l'on voulait s'arrêter à tous les actes de l'ancien régime, ce serait certainement plusieurs volumes dont on aurait besoin; car il y aurait à rappeler et à examiner une foule d'édits, d'ordonnances, de règlements, de chartes, etc., tous calculés et conçus de manière à hâter le peuplement des colonies et à leur permettre d'atteindre, dans le plus bref délai, au plus haut degré de prospérité. Il n'est pas jusqu'à la transportation des récidivistes dont il faudrait parler, puisqu'elle fut systématiquement pratiquée par lui dans ce but, au commencement du XVIIIe siècle [1]. Mais il nous semble qu'on nous pardonnera de nous en tenir aux grandes lignes dans lesquelles nous sommes resté jusqu'ici. Après ce qui précède, il faudrait, en effet, être bien difficile pour ne pas regarder la question comme très suffisamment élucidée, et pour nous demander de pousser la démonstration plus loin.

Dans ces conditions, nous estimons donc que nous pouvons clore ici nos recherches ; et, si l'on veut bien résumer tout ce qui précède, nous croyons que des détails dans lesquels nous sommes entré, on peut dégager, sans contradiction possible, plusieurs faits qu'on doit regarder comme acquis à l'histoire, et que l'on peut formuler ainsi.

Le premier, c'est que, dans ses projets coloniaux, l'ancienne royauté française eut constamment pour principe de laisser intactes les ressources de l'État,

---

1. Voir 3e partie, *Notice* n° 6 (pages 277 et suivantes), un certain nombre de documents de l'ancien régime, concernant ce que nous appelons aujourd'hui la relégation des récidivistes aux colonies.

qu'elle réservait à sa politique en Europe; le second,
que tout ce qu'elle fit au point de vue des colonies fut toujours si judicieusement calculé, si rationnel, si absolument conforme à la nature des
choses, qu'en moins de trente années, sous sa direction, la France réussit à couvrir de ses essaims les
îles et toute la partie septentrionale de l'Amérique.

Mais ce qui est principalement à noter, surtout si l'on joint nos renseignements spéciaux
à ce que rapporte l'histoire, et ce qui mérite tout
particulièrement aujourd'hui de nous faire réfléchir,
c'est que, en raison de l'autonomie, de l'activité, de
la spontanéité locale et des énergies individuelles
auxquelles se prêtait le régime des compagnies,
les colonies que l'on créa alors prirent si bien et
si profondément racine, qu'en dépit des malheurs
qui fondirent sur elles et des tribulations sans fin
qu'elles eurent à subir de la mauvaise politique de
la mère patrie, il n'y en a pas une qui n'ait survécu, et que celles qui, depuis plus d'un siècle, sup-
portent l'oppression étrangère avec toutes ses misères,
sont restées non moins vivaces et peut-être plus
françaises qu'au premier jour.

Or, tout en repoussant d'avance la qualification
blessante de *laudator temporis acti*, peut-être serait-
ce ici le cas de nous demander en manière de paren-

thèse, s'il en serait de même du Sénégal, de la Cochinchine, de l'Algérie, du Tonquin, etc., où tout a été
fait par les armes et la conquête brutale; où c'est
l'État qui s'est entremis en tout; où tout est militaire et a été organisé militairement; où le colon
semble n'être et ne devoir être que l'accessoire du
soldat et, encore de l'avis de beaucoup de gouverneurs, un accessoire; gênant où la colonisation française enfin paraît être plutôt plaquée sur le sol que
profondément engagée dedans.

Dans la supposition, en effet, où le régime auquel
ces colonies ont été soumises devrait persister, nous
ne croyons pas qu'on trouverait quelqu'un pour
soutenir, qu'après avoir appartenu à la France pendant le même laps de temps que le Canada, l'île de
France, les Seychelles, Saint-Domingue, etc., si elles
venaient jamais à tomber aux mains d'un autre
peuple, elles continueraient après des générations,
comme ces dernières colonies, à rester en commu-
nion de pensée et de sentiments avec la mère
patrie, à défendre leur individualité, leur langue,
leurs lois, leurs mœurs; en un mot, à résister à l'ab-
sorption de l'étranger.

Eh bien, pour nous, dans cela seul serait la condamnation sans appel des principes dont nous nous
sommes inspirés au xixe siècle en fait de politique,

d'organisation ou d'administration coloniales ; dans le cas, bien entendu, où il faudrait un argument nouveau, en dehors de ceux qui découlent des charges inadmissibles et intolérables, dont ces mêmes principes, depuis un siècle, ont été chaque année la source pour notre budget.

Après ces développements, nous ne redoutons plus que l'on nous accuse d'avoir été excessif, lorsqu'en débutant nous avons avancé que l'ancien régime renfermait bien des pratiques, des procédés et des principes qu'il aurait été désirable que la Révolution ne détruisît point, et lorsque nous avons insinué que l'intérêt de la France du XIXe siècle sera peut-être d'en reprendre quelques-unes un jour.

Quant à nous, notre conviction est que la France mettra d'autant moins de scrupules à les reprendre, qu'après tout il ne s'agira pas là de choses dont l'essence est inhérente au principe même de la monarchie, mais d'applications inspirées par une connaissance approfondie de la nature des choses, et indépendantes de toute forme de gouvernement.

Notre situation coloniale en est arrivée à un tel point et les abus sont si criants, qu'inconsciemment, au reste, on y revient. Car, il ne faut point s'y tromper, c'est sous ce jour que l'on doit considérer le système des protectorats, tel que l'a conçu M. de Frey-

cinet, et tel qu'avec son esprit libéral, ennemi de
toute contrainte inutile ou fâcheuse, il se proposait
de l'appliquer, au moment où des intrigues parlementaires sont venues se mettre à la traverse. Ce qui
caractérise, en effet, ce système, et ce qui en forme
à proprement parler l'idée mère, c'est qu'au point
de vue colonial, il tend à nous faire sortir de l'or-
nière où nous croupissons depuis la Révolution; et
ce qu'il faut attendre de lui, c'est qu'en nous faisant rompre avec nos idées actuelles d'uniformité,
de rattachement et d'assimilation des colonies à la
métropole, il aura forcément pour conséquence de
nous faire rentrer graduellement dans tout ce que
nos traditions pouvaient avoir de bon [1].

Quoi qu'il en soit et en attendant, comme démonstration théorique des excellents résultats que le système des protectorats, quand il aura reçu tous ses
développements, sera appelé à produire, nous voudrions que quelque publiciste s'imposât le curieux et
instructif problème de rechercher ce qu'il serait advenu des colonies que nous avons acquises au xixᵉ siè-

---

1. Le texte que nous reproduisons dans notre 3ᵐᵉ partie, *Notice* n° 7, des instructions données en 1763 par le duc de Choiseul pour le développement de la colonisation de la Guyane,
montrera combien le système des protectorats de M. de Freycinet se rapproche des principes de l'ancien régime.

cle, si, au lieu de tout sacrifier aux doctrines de centralisation, d'uniformité et de militarisme que nous tenons de notre Constitution de l'an VIII, nous avions eu le bon sens de ne point nous écarter des voies que l'ancien régime aurait suivies en cette circonstance.

Il est bien entendu, lorsque nous nous exprimons ainsi, que nos lecteurs ne doivent pas se méprendre sur notre pensée. Nous n'entendons nullement dire, en effet, que, pendant ce XIXe siècle, nous aurions dû conserver servilement les pratiques et les procédés dont Louis XIII ou ses successeurs avaient pu faire usage.

Nous savons tout aussi bien que personne, que les formes sont des choses secondaires et contingentes, auxquelles il serait puéril d'accorder l'importance de principes, et que le temps et les circonstances conduisent souvent à leur faire subir les variations les plus nombreuses et les plus diverses, sans que pour cela les principes ou les idées dont elles sont l'expression extérieure et temporaire soient un seul moment en jeu. A moins de fermer les yeux à la lumière, par exemple, il est de la dernière évidence que les transformations politiques, sociales et intellectuelles, dont nous sommes redevables à la Révolution, que l'extension extraordinaire de la fortune mobilière, que la découverte de la vapeur, les chemins de fer, l'hélice, le télégraphe, etc., ont déterminé de tels changements, que notre ancien état de choses en a été pour ainsi dire complètement modifié, et qu'en conséquence, si l'on désirait obtenir de nos jours les mêmes résultats qu'on aurait voulu atteindre au xviie siècle, force serait d'employer des moyens, en apparence ou non, très sensiblement différents de ceux d'autrefois.

Cette explication donnée, admettons un instant que, tout en étant à la hauteur des progrès intellectuels, moraux, scientifiques et matériels du siècle, nos gouvernements issus de la Révolution, en matière coloniale, soient restés dans les traditions de l'ancien régime. Eh bien, s'il en avait été de la sorte, il y a une chose qu'on ne saurait mettre en doute, c'est que, pour s'emparer de l'Algérie, de la Cochinchine, du Sénégal, du Tonquin, etc., et en faire de bonnes colonies, ces gouvernements auraient procédé tout autrement que nous n'avons fait.

Comme ils auraient voulu, avant tout, dépenser le moins possible, rendre les pays prospères et y ouvrir de nombreux débouchés à nos produits et à nos intérêts, il est manifeste qu'ils se seraient tout spécialement préoccupés de s'attacher les indigènes par la politique, la diplomatie, les intrigues, la force

morale en un mot, et qu'ils n'auraient nullement
en tout et pour tout compté, comme on a fait, sur
la guerre et les armes; la guerre, destructive de tout
en affaires de colonies, qui est toujours énormément
coûteuse, et dont l'inévitable et déplorable effet est
d'amonceler des ruines et des haines que des siècles
ensuite suffisent à peine à effacer. Il n'est pas
douteux d'autre part, qu'en ces diverses contrées,
nous aurions remplacé, dans toutes les occasions
possibles, le canon et le fusil par la douceur, la
patience, l'habileté, et qu'au lieu de nous faire un
point d'honneur de briser les résistances par la force,
nous nous serions ingéniés à les épuiser et à les vaincre, en opposant adroitement les tribus aux tribus,
les peuplades aux peuplades, les partis aux partis,
bref, en faisant ce que nous fîmes autrefois au
Canada et aux Indes, et en imitant ce que les
Hollandais et les Anglais ont toujours fait et font
toujours dans leurs colonies.

Cela étant, pour donner un exemple, si l'on prend
l'Algérie, il n'est pas contestable que, si l'on avait
usé à son égard d'une conduite semblable, cette contrée, en tant que possession coloniale, présenterait
un aspect tout autre que celui que nous lui voyons.
Non seulement, en effet, on peut être sûr que nous
aurions considérablement moins dépensé pour sa

conquête, et qu'elle ne nous aurait pas coûté les milliards de francs et les centaines de milliers d'hommes qu'elle nous a demandés; mais, comme la guerre à outrance, impolitique, que nous avons adoptée de parti pris contre elle n'aurait pas eu lieu, on en peut conclure qu'il y aurait aujourd'hui sur son sol quatre ou cinq fois plus de colons français qu'on n'y en compte, et que depuis des années toutes ses richesses minières, forestières et agricoles seraient en exploitation.

Rien ne dit même qu'à la place de la conversion à la foi chrétienne, exigée au xviie siècle des « sauvages » pour devenir Français, on n'aurait pas accordé aux Arabes et aux Kabyles la qualité de citoyen, sous la condition, entre autres, de servir cinq ou six années dans nos troupes. Or, les avantages d'une pareille mesure, en si complet accord avec l'esprit pratique du xviie siècle, se perçoivent du premier coup. Il est certain que, tout en offrant un débouché aux éléments guerriers et par conséquent anticolonisateurs des Kabyles et des Arabes, depuis trente années, on aurait pu constituer de cette manière une armée d'élite, absolument acclimatée et dont l'emploi aurait été tout trouvé dans la conquête de l'Afrique équatoriale.

Ce que nous disons là de l'Algérie pourrait bien

entendu, à plus forte raison, se répéter pour le Tonquin, dont les événements viennent de se dérouler
sous nos yeux.

Il est maintenant avéré pour l'histoire, en ce qui
touche cette contrée, que, si, au lieu de s'adresser
exclusivement à des militaires avides de faits
d'armes et pour qui un pays n'est soumis que quand
ils le tiennent pantelant sous le pied, on avait
fait un plus grand fond sur les Bourée et les
Dupuis, un nombre considérable de fautes auraient
été évitées sur le fleuve Rouge, et avec ces fautes
bien des ruines, bien des dépenses, bien des morts
d'hommes; et que, depuis un an ou deux peut-être,
les voies de communication destinées à nous mettre
en rapport avec le marché intérieur de la Chine
seraient construites, la pacification complète et le
commerce organisé.

TROISIÈME PARTIE

NOTICES ET PIÈCES JUSTIFICATIVES

LIGNE DES AMITIÉS. — CONDITIONS CONFESSIONNELLES EXI-
GÉES POUR LES COLONS. — COLLECTION DE CHARTES D'AN-
CIENNES COMPAGNIES. — CONCESSION DES TERRES NOUVELLES
AUX MARINS QUI LES AVAIENT DÉCOUVERTES. — L'INSTITU-
TION DES ENGAGÉS. — TRANSPORTATION DES RÉCIDIVISTES
SOUS L'ANCIEN RÉGIME. — POINTS DE CONTACT ENTRE LE SYS-
TÈME DES PROTECTORATS DE M. DE FREYCINET ET LES PRA-
TIQUES COLONIALES DE L'ANCIEN RÉGIME.

10.

Nous avons réuni dans cette 3ᵉ partie, sous le titre *Notices et Pièces justificatives*, des documents, pièces justificatives et détails spéciaux qu'il nous était impossible, en raison de leur étendue, d'intercaler dans notre texte, et auxquels il nous a semblé que nos lecteurs, désireux d'alier au fond des choses, devaient trouver un certain intérêt.

Nous aurions pu nous contenter d'insérer purement et simplement les documents, comme c'est l'usage, mais il nous a paru préférable de les entourer de quelques indications complémentaires, de nature à les faire valoir et à en faciliter la lecture.

Plusieurs de ces documents ont déjà été publiés ; mais la plupart sont inédits et se trouvent aux archives coloniales du Ministère de la Marine et des Colonies, dans les registres ou les cartons des colonies qu'ils concernent et aux dates auxquelles ils se rapportent.

I

Ligne des Amitiés. — État de guerre au xviie siècle entre les navires français et les navires espagnols qui faisaient le commerce des Indes et de l'Amérique. — Déclaration du roi du 1er juillet 1634.

Il existait une telle animosité en Espagne contre les navires français qui se rendaient aux Indes occidentales, que les capitaines espagnols, non contents de les attaquer au delà de la ligne des Amitiés, les attaquaient encore, chaque fois qu'ils en trouvaient l'occasion, en deçà de cette ligne.

La situation était devenue tellement insupportable, que, le 1er juillet 1634, Louis XIII se vit contraint de rendre une Déclaration dont l'objet fut probablement de lui fournir un prétexte pour la

déclaration de guerre qu'il adressa l'année suivante
à l'Espagne.

L'extrait qu'on va lire de cette Déclaration a cela
d'important qu'il s'y trouve un exposé très net des
risques courus par nos navires qui commerçaient en
Amérique et aux Indes.

Voici cet extrait :

Louis, etc. Les principaux marchands de nostre Estat et autres nos subjets qui s'adonnent à la navigation, nous ont remontré que dedans l'estendue des lignes
des Amitiés et Alliances, et jusque dedans les costes
et ports d'Espagne, depuis quelques années, les Espagnols et Portugais ont voulu entreprendre sur leurs
vaisseaux allant ou retournant des Indes et de l'Amérique, sans considérer que la voie d'hostilité n'est per-
mise aux uns et aux autres qu'au delà du méridien
pour l'occident et du tropique du Cancer pour le midi;
et, comme la légitime défense ne peut être prohibée à
nos subjets, et que même il leur est loisible par nos
ordonnances de s'armer contre ceux qui leur empeschent la liberté du commerce et de la navigation, ils
nous ont requis de leur donner permission de prendre
en mer lesdits Espagnols et Portugais allant ou retournant des dites Indes et pays d'Amérique, en quelque lieu
qu'ils les rencontrent : sur quoi, désirant leur faire
entendre nostre volonté pour empescher que par quelque action violente ils ne vinssent à troubler, contre

nostre intention, la bonne correspondance en laquelle
nous voulons demeurer, et, par ce moyen, tomber en
nostre indignation ;

Savoir faisons que, de l'avis de nostre très cher et
bien-aimé cousin le cardinal, duc de Richelieu, pair,
grand maistre, chef surintendant général de la navigation et commerce de France, nous avons, par ces présentes nos Lettres et Déclarations, signées de nostre
main, fait et faisons très expresses inhibitions et défenses à nos subjets, de quelque qualité et condition
qu'ils soient, faisant voyage par mer, d'attaquer, ni
courir sus aux navires espagnols et portugais qu'ils
trouveront pour l'occident en deçà du premier méridien et pour le midi en deçà du tropique du Cancer ;
voulons que, dans les espaces des dites lignes, nos subjets laissent et souffrent librement aller, traiter, naviguer, les dits Espagnols et Portugais, même allant et
retournant des Indes et pays de l'Amérique, sans leur
faire ni donner aucun trouble ni empeschement en leur
navigation ni autrement, pourvu que nos subjets reçoivent d'eux à l'advenir pareil traitement, et qu'il ne soit
rien entrepris sur eux par les dits Espagnols et Portugais en deçà des dites lignes ; sauf à nos dits subjets
d'entreprendre comme par le passé à l'encontre des dits
Espagnols et Portugais au delà des dites bornes, ainsi
qu'ils trouveront leurs avantages, jusqu'à ce que les dits
Espagnols et Portugais aient souffert le commerce libre
à nos dits subjets en l'estendue des dites terres et mers
des Indes et de l'Amérique, et leur aient donné libre
entrée et accès pour cet effet dans tous les dits pays

et dans les ports et havres d'iceux, pour y traiter et négocier, ainsi qu'en deçà des dites lignes.

Voulons que les capitaines de navires estant de retour de leurs voyages, en payant les droits pour ce
deus et faisant apparoir que les vaisseaux par eux
attaqués ont été pris au delà du dit premier méridien pour l'occident, et du tropique du Cancer pour le
midi, ils soient et demeurent paisibles possesseurs des
dites prises qu'ils auront ainsy faites sur les dits Espagnols et Portugais, sans que, pour raison de ce, les
dits capitaines, matelots, armateurs, ravitailleurs et
bourgeois, en puissent estre recherchés pour quelque
cause ou occasion que ce soit ou puisse estre...

Donné à Saint-Germain-en-Laye, le 1er jour de juillet 1634.

Signé : LOUIS.

CONDITIONS CONFESSIONNELLES EXIGÉES DES COLONS.

Preuves que nos discordes religieuses du xvi° siècle n'ont jamais
été que des discordes politiques. — Droits accordés par
Henri II, Henri III, Louis XIV, aux juifs portugais et espagnols fixés à Bordeaux et à Bayonne. — Privilège dont jouissaient ces juifs de commercer et de s'établir aux colonies. —
Lettre de Louis XIV à leur sujet (23 mai 1671).

Il serait difficile, selon nous, d'invoquer un témoignage plus concluant contre les écrivains qui ont
attribué à nos guerres religieuses du xvie siècle des
mobiles purement confessionnels, que les lettres patentes que les derniers Valois jugèrent à propos de
rendre en faveur des juifs. Si les protestants n'a-
vaient pas été alors un parti avant tout politique,
ayant ses appuis à l'étranger, et si les Valois n'a-
vaient voulu se débarrasser d'eux que parce qu'ils
rompaient avec l'unité religieuse du royaume, il tombe

sous le sens que Henri II et Henri III n'auraient jamais accordé aux juifs portugais et espagnols réfugiés à Bordeaux les droits dont ils leur ont fait la concession.

Ces droits étaient effectivement aussi larges qu'on les pouvait désirer. Ils assimilaient, à proprement parler, les juifs aux régnicoles eux-mêmes, puisqu'ils leur accordaient le droit d'aller et de venir dans tout le royaume, celui d'y trafiquer, d'y exercer les arts et manufactures, d'y posséder, d'y transmettre leurs biens à leurs enfants, etc. [1]. Ce simple fait, si l'on n'a pas l'esprit prévenu, suffit pour faire voir que nos guerres *dites* religieuses et qui causèrent tant de mal à notre pays, n'eurent au fond rien de religieux.

En ce qui a trait aux colonies, ces lettres, si l'on considère leur texte, ne conféraient pas seulement aux juifs le droit d'aller et de venir dans le royaume de France proprement dit, mais encore dans « tous les Païs, Terres et Seigneuries de l'obéissance du Roy de France ». Aussi en résulta-t-il que beaucoup d'en-

---

1. Les lettres patentes signées en faveur des juifs portugais et espagnols de Bordeaux par Henri II sont du mois d'août 1550, et celles de Henri II, du 11 novembre 1574. Le bénéfice de ces lettres fut étendu par Louis XIV, en décembre 1656, aux juifs portugais ayant leur résidence dans le Gouvernement de Bayonne.

tre eux, lorsque nous eûmes des colonies, s'y rendirent pour s'y établir et y faire le commerce. Dans les premiers temps, les compagnies, dans la crainte de se mettre en contravention avec la lettre de leurs chartes qui leur enjoignaient de ne souffrir sur leurs terres que des catholiques, apostoliques et romains, avaient voulu forcer ces juifs à partir. Mais ces derniers s'étaient adressés aux tribunaux, et ils avaient constamment gagné leurs procès. Il s'en était suivi que, par le fait, l'entrée de nos possessions coloniales s'était trouvée ouverte aux juifs, tandis qu'elles avaient continué à être rigoureusement fermées pour les protestants.

Les seules tracasseries auxquelles les juifs couraient le risque d'être en butte aux colonies, pour l'exercice de leurs droits, ne pouvaient guère provenir que des préjugés populaires. Mais nous devons dire que les rois veillaient à ce que ces tracasseries n'allassent pas trop loin.

A ce propos, nous citerons la lettre suivante, écrite le 23 mai 1671 par Louis XIV à M. de Baas, son lieutenant général dans les îles de l'Amérique :

Monsieur de Baas, ayant esté informé que les juifs qui sont establis dans la Martinique et les autres isles habitées par mes subjets, ont fait des dépenses assez considérables pour la culture des terres et qu'ils contfnuent de s'appliquer à fortifier leurs establissements, en sorte que le public en recevra de l'utilité, je vous fais cette lettre pour vous dire que mon intention est que vous teniez la main à ce qu'ils jouissent des mesmes privilèges dont les autres habitans des dites isles sont en possession, et que vous leur laissiez une entière liberté de conscience, en faisant prendre néanmoins les précautions nécessaires pour empescher que l'exercice de leur religion ne puisse causer aucun scandale aux catholiques. Sur ce, je prie Dieu qu'il vous ayt, Monsieur de Baas, en sa sainte garde.

Signé : Louis.

CHARTES D'ANCIENNES COMPAGNIES

Série de chartes allant de 1626 à 1717 et qui montrent la conti-
nuité d'idées de l'ancien régime en matière de colonies et de
colonisation. — Charte de la Compagnie de la *Nouvelle-
France*, dite *Canada* (1628). — 2ᵉ Charte de la Compagnie
des îles de l'Amérique (1635). — 3ᵉ Charte de la Compagnie
des îles de l'Amérique (1642). — Charte de concession des
îles Lucayes au sieur d'Ogeron (1662). — Charte de la Compagnie des Indes Occidentales (1664). — Charte de la Compagnie royale de Saint-Domingue (1698). — Extraits de la
charte de la Compagnie d'Occident (1717).

Quoique nous ayons donné à ce volume le titre de
Politique coloniale sous l'ancien régime, nous devons
dire que c'est plutôt celui de *Politique coloniale sous
Louis XIII* qu'il aurait mérité, attendu qu'au fond,
la politique coloniale de l'ancien régime fut celle dont
ce roi avait posé les bases et arrêté les grandes lignes.
On s'en convaincra en prenant la peine de parcourir

la série de chartes allant de 1626 à 1717 que nous allons publier dans les pages suivantes.

Toutes ces chartes, en effet, sont inspirées du même esprit, toutes répètent les mêmes idées, et toutes, dans des termes plus ou moins identiques, renferment les mêmes dispositions.

Pour être vrai, nous ajouterons que ce n'est pas seulement en vue de faire cette demonstration, que, malgré leur longueur, nous avons cru devoir reproduire ces documents.

Nous avons pensé qu'il ne déplairait pas à nos lecteurs d'avoir sous les yeux un certain nombre de pièces, qui nous ont demandé un certain temps à rassembler, et dont l'intérêt n'est pas moins grand au point de vue colonial qu'au point de vue de l'histoire des sociétés par actions dans notre pays.

— Nous commencerons la série par la charte suivante, une des premières en date qui aient été octroyées par Louis XIII, celle de la Compagnie de la *Nouvelle-France*, dite *Canada* :

Charte de la Compagnie de la NOUVELLE-FRANCE, dite CANADA (1628).

Louis, etc. Comme il est de la gloire de Dieu et du bonheur de cet Estat que les soings que nous prenons de travailler pour l'advancement de la religion catholique, apostolique et romaine ne soient pas bornés dans la seule estendüe de la France, mais qu'en imitant ce grand saint duquel nous portons le sceptre et le nom, nous fassions en sorte que la renommée des François s'espande bien loing dans les terres estrangères et que leur piété soit publique par la conversion des peuples ensevelis dans l'infidélité et dans la barbarie,

Cette pensée nous a fait souvent jeter les yeux sur les peuples de l'Amérique, habitans de la Nouvelle-France, dite Canada, et renouvelé le désir de procurer leur conversion cy devant encommencée par le zèle de nostre très honoré seigneur et père, le défunt roi Henri le Grand, de glorieuse mémoire :

Et nous ayant esté remontré par nostre cher et bien-amé cousin, le cardinal de Richelieu, grand maistre, chef et surintendant général de la navigation et cômmerce de France, après l'avoir informé de nostre volonté sur ce sujet, que, pour faire plus promptement et plus facilement réussir ce qui estoit de notre intention, il avoit fait assembler du nombre de nos sujets des personnes de vertu et de courage, entendus au fait de la navigation, qui pourroient fournir les dépenses des embarquements nécessaires pour mettre à chef une si haute et si sainte entreprise, et qu'ils s'estoient obligés de lier une forte compagnie pour l'establissement d'une colonie de naturels françois, catholiques, de l'un et de l'autre sexe, jugeant que c'estoit le seul et unique moyen pour advancer en peu d'années la conversion de ces peuples, et accroistre le nom françois à la gloire de Dieu et réputation de cette Couronne;

Sçavoir faisons qu'ayant fait examiner les dites propositions en notre conseil où estoient plusieurs princes et officiers de nostre Couronne et principaux de nostre conseil, et après qu'il nous est apparu que, dès le mois d'avril de l'année 1627, nos chers et bien amés Claude de Roquemont, escuier, sieur de Brison, Louis Horel, sieur du Petit-Pré, nostre conseiller et contrôleur général des salines et brouages, Gabriel l'Attaignant, maïeur de la ville de Calais, Simon Dablon, syndic de la ville de Dieppe, David Duchesne, conseiller et échevin de la ville françoise du Havre de Grâce, et Jacques Castillon, bourgeois de Paris, s'estoient obligés de dresser une compagnie de cent associés et faire tous leurs efforts pour peupler les pays de la Nouvelle-France,

Nous avons agréé et approuvé, agréons et approuvons le contenu en leurs offres et conformément à icelles :

(1) Ordonné et ordonnons auxdits de Roquemont, Horel, l'Attaignant, Dablon, Duchesne, Castillon et leurs associés, faire passer audit pays de la Nouvelle-France deux à trois cents hommes de tous métiers dès la présente année 1628, pendant les années suivantes en augmenter le nombre jusques à 4,000 de l'un et l'autre sexe dans 15 ans prochainement venant et qui finiront en décembre que l'on comptera 1643, les y loger, nourrir et entretenir de toutes choses généralement quelconques nécessaires à la vie pendant trois ans seulement, lesquels expirés les dits associés seront déchargés, si bon leur semble, de la dite nourriture et entretènement, en leur assignant la quantité de terres défrichées suffisante pour leur subve-

nir, avec le bled nécessaire pour les ensemencer la 1re fois
et pour vivre jusqu'à la récolte lors prochaine, ou autrement leur pourvoir en telle sorte qu'ils puissent de leur
industrie et travail subsister au dit pays et s'y entretenir
par eux-mêmes ; sans toutefois qu'il soit loisible auxdits
associés et autres faire passer aucuns estrangers èsdits
lieux, mais peupler ladite colonie de naturels françois,
catholiques, et enjoignons à ceux qui commanderont en
la Nouvelle-France, de tenir la main à ce qu'exactement
ce présent article soit exécuté selon sa forme et teneur,
ne souffrant qu'il y soit contrevenu pour quelque cause
ou occasion que ce soit, à peine d'en répondre en leur
propre et privé nom.

(2) Pour vaquer à la conversion des sauvages, et con-
solation des François qui seront en la Nouvelle-France, y
aura trois ecclésiastiques au moins, en chacune habitation
qui sera construite par lesdits associés ; lesquels lesdits
associés seront tenus loger, fournir de vivres, ornemens,
et généralement les entretenir de toutes choses nécessaires, tant pour leur vie que fonctions de leur ministère,
pendant lesdites 15 années ; si mieux n'aiment lesdits
associés pour se décharger de ladite dépense, distribuer
aux ecclésiastiques des terres défrichées suffisantes pour
leur entretien ; même sera envoyé en ladite Nouvelle-
France plus grand nombre d'ecclésiastiques, si besoin
est et que la Compagnie le juge expédient, soit pour les
dites habitations, soit pour les missions ; le tout, aux
dépens des dits associés durant le temps desdites quinze
années ; et, icelles expirées, nous avons remis et remettons

le surplus à la dévotion et charité, tant de ceux de ladite Compagnie que des François qui seront sur les lieux ; lesquels nous exhortons de subvenir abondamment, tant auxdits ecclésiastiques qu'à tous autres qui passeront en la Nouvelle-France pour travailler au salut des âmes.

(3) Et pour aucunement récompenser ladite compagnie des grands frais et avances qu'il lui conviendra faire pour parvenir à ladite peuplade, entretien et conservation d'icelle, nous avons par ce présent nostre édit, perpétuel et irrévocable, donné et octroyé, donnons et octroyons, à perpétuité, auxdits cent associés, leurs hoirs et ayants cause, en toute propriété, justice et seigneurie, le fort et habitation de Québec, avec tout ledit pays de la Nouvelle-France, dite Canada, tout le long des costes, depuis la Floride, que nos prédécesseurs rois ont fait habiter, en longeant les costes de la mer jusques au cercle Arctique pour latitude, et de longitude depuis l'ysle de Terre-Neuve, tenant à l'ouest, jusques au grand lac dit la Mer Douce, et au delà, tant dedans les terres que le long des rivières qui y passent et se déchargent dans le fleuve appelé Saint-Laurent , autrement la grande rivière de Canada, et dans tous les autres fleuves qui les portent à la mer, terres, mines, minières, pour jouir toutefois desdites mines, conformément à nos ordonnances, ports et havres, fleuves, rivières, estangs, isles, isleaux, et généralement toute l'estendue, dudit païs, au long et au large et par delà tant et si avant qu'ils pourront estendre nostre nom et le faire cognoistre, ne nous ·réservant que le ressort et la foi et hommage qui nous

11.

sera porté et à nos successeurs rois par lesdits associés
ou l'un deux, avec une couronne d'or, du poids de huit
marcs, à chaque mutation de rois, et la provision des
officiers de la justice souveraine, qui nous seront nommés
et présentés par lesdits associés, lorsqu'il sera jugé à propos d'y en établir ; permettant auxdits associés faire
fondre canons et boulets, forger toute sorte d'armes offensives et défensives, faire poudre à canon, bastir et
fortifier places èsdits lieux, toutes choses nécessaires
soit pour la seureté dudit pays, soit pour la conservation
du commerce.

(4) Pourront lesdits associés améliorer et aménager
lesdites terres ainsi qu'ils verront estre à faire, et icelles
distribuer à ceux qui habiteront ledit pays et autres en
telle quantité, et ainsi qu'ils jugeront à propos, leur donner et attribuer tels titres et honneurs, droits, pouvoirs
et facultés qu'ils jugeront estre ! on, besoin ou nécessaire
selon les qualités, conditions et mérites des personnes, et
généralement à telles charges, réserves et conditions qu'ils
verront bon estre, et néanmoins, en cas d'érection de
duchés, marquisats, comtés et baronnies, seront prises
lettres de confirmation de nous sur la présentation de
nostre cousin, le grand maistre, chef surintendant général
de la navigation et commerce de France.

(5) Et afin que lesdits associés puissent jouir pleinement et paisiblement de ce que nous leur avons donné et
accordé, nous avons révoqué et révoquons par les présentes
tous dons faits desdites terres, parts ou portions d'icelles.

(6) Davantage nous avons donné et accordé, donnons et accordons auxdits associés pour toujours le trafic de tous cuirs, peaux et pelleteries de ladite Nouvelle-France ; et pour 15 années seulement, à commencer dès le premier jour de janvier de l'année présente 1628 et finissant au dernier décembre que l'on comptera 1643, tout autre commerce soit terrestre ou naval qui se pourra faire, tirer, traiter ou trafiquer, en quelque sorte et manière que ce soit, en l'estendue dudit pays et autant qu'il se pourra estendre, à la réserve de la pesche des molues et balcines seulement que nous voulons estre libre à tous nos subjets, révoquant à cet effet toutes autres concessions contraires à l'effet que dessus, même les articles cy-devant accordés à Guillaume de Caen et ses associés, et à ces fins interdisons pour ledit temps, tout ledit commerce tant audit de Caen qu'à nos autres subjets à peine de confiscation de vaisseaux et marchandises; laquelle confiscation appartiendra à ladite compagnie ; et nostredit cousin, le grand maistre, chef et surintendant de la navigation et commerce de France ne baillera aucuns congés, passeports ou permissions et autres qu'aux susdits associés pour les voiages et commerce susdits en tout ou partie desdits lieux.

(7) Pourront néanmoins les François habitués èsdits lieux avec leur famille qui ne seront nourris ni entretenus aux dépens de ladite compagnie, traiter librement des pelleteries avec les sauvages, pourvus que les castors par eux traités soient par après donnés auxdits associés ou à leurs commis et facteurs, qui seront tenus de les

acheter d'eux sur le pied de 40 sols tournois la pièce ; leur faisons très expresses inhibition et défense d'en traiter avec d'autres, sous pareilles peines de confiscation, et toutefois ne seront tenus lesdits associés de payer 40 sols de chacune peau de castor, si elle n'est bonne, loyale et marchande.

(8) De plus, nous avons fait don par les présentes auxdits associés de deux vaisseaux de guerre de 2 à 300 tonneaux, armés et équipés, prêts à faire, sans victuailles toutefois, lesquels seront au plus tost mis par nous en état de faire voyage et délivrés auxdits associés ou à leurs procureurs, pour cy-après estre entretenus par lesdits associés et employés à l'usage et profit de ladite compagnie, et arrivant le dépérissement desdits vaisseaux par quelque voye que ce puisse estre, excepté en cas que lesdits vaisseaux fussent pris par nos ennemis, estant en guerre ouverte, seront obligés lesdits associés d'en substituer d'autres en leur place, à leurs dépens, et iceux entretenir au profit de ladite compagnie.

(9) Néanmoins nous voulons qu'en cas que lesdits associés manquent à faire passer dans les dix années des quinze, jusques à 1,500 François de l'un et l'autre sexe, pour tout dédommagement de ladite inexécution, ils ayent à nous restituer la somme à laquelle la prisée desdits vaisseaux se trouvera monter ; comme aussi, si dans les cinq années restantes des quinze, ils manquoient à faire passer le reste des hommes et femmes stipulés cy-dessus, sauf, si comme dit est, lesdits vais-

seaux estoient pris par nos ennemis; et sera la restitution
de la prisée desdits vaisseaux prise sur les fonds de ladite
société, si tant se peut monter, et s'il ne suffit, ce qui en
restera sera levé au sol la livre sur chacun desdits associés, chacun desdits associés n'en payera qu'un centième
et seront, audit cas, lesdits associés privés de la jouissance du commerce à eux accordée par le présent édit.

(10) Dans lesdits vaisseaux lesdits associés pourront
mettre tels capitaines pour y commander, soldats et matelots pour y servir, que bon leur semblera, prendront
néanmoins lesdits capitaines commission et provision de
nous sur la nomination desdits associés; et pour commander dans toute l'estendue de ladite Nouvelle-France,
en l'absence de nostredit cousin le grand maistre, ensemble dans les places fortes qui seroient jà édifiées et qui
seront ci-après construites et entretenues par lesdits associés pour la seureté dudit pays, ne sera par nous, ni
nos successeurs rois, donné pouvoir à autres qu'à ceux de
ladite compagnie que nostredit cousin le grand maistre
choisira sur le nombre de trois personnes capables qui
nous seront présentées, de 3 ans en 3 ans, par icelle
compagnie; et prêteront lesdits chefs et capitaines le
serment entre les mains de nostredit cousin, le grand
maistre, et pour le regard des autres vaisseaux qui seront
entretenus par lesdits associés leur sera loisible de donner le commandement à telles personnes que cela leur
semblera, en la manière accoutumée.

(11) Davantage, nous avons fait don à ladite compagnie

de 4 couleuvrines de fonte verte, ci-devant accordées à la compagnie des Moluques : lesquelles ledit Caen a depuis retirées du défunt sieur de Muisson du Rondin, pour s'en servir à la navigation de la Nouvelle-France.

(12) Et, pour exciter davantage plus de nos subjets à se transporter èsdits lieux et y faire toute sorte de manufactures, nous avons accordé que tous artisans du nombre de ceux que lesdits associés s'obligent de faire passer auxdits pays et qui auront exercé leurs arts et métiers en ladite Nouvelle-France, durant six ans, en cas qu'ils veuillent retourner en ce royaume, soient réputés pour maistres de chefs-d'œuvre et puissent tenir boutique ouverte dans nostre ville de Paris et autres villes, en rapportant certificat authentique du s. vice èsdits lieux ; et, pour cet effet, tous les ans, à chaque embarquement, sera mis un rôle au greffe de la marine de ceux que la compagnie fera passer en la Nouvelle-France.

(13) Et, attendu que les marchandises de quelques qualités qu'elles puissent estre, qui viendront desdits pays, et particulièrement celles qui seront manufacturées èsdits lieux de la Nouvelle-France proviendront de l'industrie des François, nous avons exempté et déchargé, exemptons et déchargons, pendant 15 ans, toute sorte de marchandises provenant de la Nouvelle-France de tous impôts et subsides, bien qu'elles soient voiturées, amenées et vendues en ce royaume.

(14) Comme aussi déclarons toutes munitions de guerre, vivres et autres choses nécessaires pour l'avitaillement et embarquement qu'il faudra faire pour la Nouvelle-France, exemptes, quittes et franches de toutes impositions et subsides quelconques pendant ledit temps de 15 années.

(15) Permettons à toutes personnes de quelque qualité qu'elles soient, tant ecclésiastiques, nobles, officiers que autres, d'entrer en ladite compagnie sans pour ce déroger aux privilèges accordés à leurs ordres; même pourront ceux de ladite compagnie, si bon leur semble, associer avec eux ceux qui se présenteront cy-après jusques au nombre d'outre cent, si tant s'en présente; et, en cas que du nombre desdits associés il s'en rencontre quelqu'un qui ne soit d'extraction noble, nous voulons et entendons anoblir jusqu'à douze desdits associés, lesquels jouiront à l'avenir de tous privilèges de noblesse, ensemble leurs enfants nés et à naistre en loyal mariage, et, à cet effet, nous ferons fournir auxdits associés douze lettres d'anoblissement signées, scellées, et expédiées en blanc pour les faire remplir des noms desdits douze associés, pour estre lesdites lettres distribuées par nostre dit cousin le cardinal de Richelieu à ceux qui lui seront présentés par ladite compagnie.

(16) Ordonnons que les descendants des François qui s'habitueront audit pays, ensemble les sauvages qui seront amenés à la cognoissance de la foy et en feront profession, soient désormais censés et réputés pour naturels

françois et comme tels puissent venir habiter en France
quand bon leur semblera, et y acquérir, tester, succéder, accepter donations et legs, tout ainsi que les vrais
régnicoles et naturels françois, sans être tenus de prendre
aucune lettre de déclaration ni de naturalité.

Si donnons, etc. Camp de la Rochelle, mai 1628.

— Nous insérons dans une autre notice la charte
de 1626. dont il est question dans celle qui suit, laquelle est de 1635. Mais nous prévenons nos lecteurs
que l'insuccès dont la première compagnie de Saint-
Christophe est accusée dans cette dernière charte
était imaginaire. C'était un prétexte que l'on avait
trouvé bon d'invoquer, afin d'obtenir le remaniement
du contrat primitif avec les privilèges inscrits dans
la charte de la compagnie de la Nouvelle-France,
et pour faire ajouter, à la concession de Saint-
Christophe et des îles avoisinantes, celle de toutes les
autres Antilles susceptibles d'être occupées et colonisées par la France.

Charte de la Compagnie des isles de l'Amérique (1635).

Par devant Gabriel Guerreau et Pierre Parque, notaires garde-nottes du Roy, nostre Sire, en son châtelet
de Paris, soussignés; et présent Monseigneur, l'Éminen-

tissime, Armand-Jean Duplessis, cardinal, duc de Richelieu et de Fronsac, commandeur de l'ordre du Saint-
Esprit, Pair, Grand-Maistre, chef et surintendant général
de la Navigation et Commerce de France, lequel sur ce
qui lui a esté représenté par Jacques Berruyer, escuyer,
sieur de Mantelmont, capitaine des ports de mer de Veu-
lette et Petite Dalle en Caux, l'un des associés de la Compagnie cy-devant de Saint-Christophe et isles adjacentes,
tant pour lui que pour les autres associés de ladite Compagnie, que pour l'establissement d'icelle Compagnie,
cy-devant contractée dès le mois d'octobre 1626, et comme
abandonnée, au moyen de ce qu'aucun des associés ne
s'est donné le soin d'y penser, joint que les concessions
accordées à ladite compagnie n'estoient suffisantes pour
les obliger de s'y appliquer sérieusement; s'il plaisoit à
Sa Majesté de leur accorder de nouvelles et plus grandes
concessions et privilèges, ils pourroient non seulement
rétablir ladite compagnie, mais mesme la porter à de plus
grands desseins et entreprises pour le bien de l'Estat,
qu'elle n'avoit projeté du commencement; sur quoi,
ayant esté fait diverses propositions, ledit seigneur cardinal, pour et au nom de Sa Majesté, et sous son bon
plaisir, a accordé à ladite compagnie ce acceptant par
ledit sieur Berruyer, présent èsdits noms, les articles
qui suivent :

ART. Ier. — C'est à sçavoir que lesdits associés continueront la colonie par eux establie dans l'isle de Saint-
Christophe, et feront tous leurs efforts d'en establir dans
les autres isles principales de l'Amérique, situées depuis
le dixième jusqu'au trentième degré, au-deçà de la ligne

équinoxiale, qui ne sont occupées par aucun prince
chrétien, et, s'il y en a quelques-unes habitées par aucuns princes chrétiens, où ils puissent s'establir avec ceux
qui y sont à présent, ils le feront pareillement.

ART. II. — Que èsisles qui sont dans ladite estendue,
qui sont occupées à présent par les sauvages, lesdits associés s'y habituant, feront leur possible pour les convertir à la religion catholique, apostolique et romaine.
Pour cet effet, en chacune habitation, lesdits associés
feront entretenir au moins deux ou trois ecclésiastiques
pour administrer la parole de Dieu et les sacremens
aux catholiques et pour instruire les sauvages; leur
feront construire des lieux propres pour la célébration
du service divin, et leur feront fournir des ornemens,
livres et autres choses nécessaires à ce sujet.

ART. III. — Que lesdits associés feront passer ausdites isles, dans vingt ans du jour de la ratification
qu'il plaira à Sa Majesté de faire desdits articles, le nombre
de 4,000 personnes au moins, de tout sexe, ou feront
en sorte que pareil ou plus grand nombre y passe dans
cedit temps, duquel ceux qui seront à présent à Saint-
Christophe feront partie; et pour sçavoir le nombre de
ceux qui y sont et qu'on fera passer à l'avenir èsdites
isles, lesdits associés fourniront un acte certifié du capitaine de Saint-Christophe du nombre des François qui
y sont à présent, et les maistres des navires qui iront
à l'avenir à ladite isle ou autres affectées à ladite compagnie, apporteront un acte certifié du capitaine ou gou-

verneur de l'isle où la descente aura esté faite, du nombre des personnes qui y auront passé à la charge desdits associés qui sera enregistré au greffe de l'Amirauté.

Art. IV. — Qu'ils ne feront passer èsdites isles, colonies et habitations, aucun qui ne soit naturel françois, et ne fasse profession de la religion catholique, apostolique et romaine; et, si quelqu'un d'autre condition y passoit par surprise, on l'en fera sortir aussitôt qu'il sera venu à la connoissance de celui qui commandera dans ladite isle.

Art. V. — Que lesdits associés pourront faire fortifier des places et construire des forts et établiront des colonies aux lieux qu'ils jugeront les plus commodes pour l'assurance du commerce et la conservation des François.

Art. VI. — Et pour aucunement les indemniser de la dépense qu'ils ont ci-devant faite et qui leur conviendra faire à l'avenir, Sa dite Majesté accordera, s'il lui plait, à perpétuité ausdits associés et autres qui pourront s'associer avec eux, leurs hoirs, successeurs et ayants cause, la propriété desdites isles en toute justice et seigneurie, les terres, rivières, ports, havres, fleuves, estangs, isles, mêmement les mines et les minières, pour jouir desdites mines conformément aux ordonnances et du surplus des choses dessus dites; Sa dite Majesté ne s'en réservera que le ressort, la foi et hommage qui lui sera fait et à ses successeurs rois de France, par l'un desdits associés au nom de tous, à chacune mutation de roy, et la provision des membres de la justice souveraine, qui lui seront nommés et présentés par lesdits associés, lorsqu'il sera besoin d'en establir.

Art. VII. — Sa Majesté permettra ausdits associés de fondre canons et boulets, forger toute sorte d'armes offensives et défensives, faire poudre à canon, et toutes autres munitions nécessaires pour la conservation desdits lieux.

Art. VIII. — Pourront lesdits associés améliorer et ménager lesdites choses à eux accordées de telle façon qu'ils adviseront pour le mieux, et distribuer les terres entre eux, et à ceux qui s'habitueront sur les lieux avec réserve de tels droits et devoirs et à telles charges qu'ils jugeront à propos.

Art. IX. — Pourront lesdits associés mettre tels capitaines et gens de guerre que bon leur semblera dans les forts qui seront construits èsdites isles, et aussi sur les vaisseaux qu'ils envoyeront, se réservant seulement Sa dite Majesté de pourvoir de gouverneur général sur toutes lesdites isles, lequel gouverneur ne pourra s'entremettre du commerce ni de la distribution des terres desdites isles.

Art. X. — Que, pendant 20 années, nul des sujets de Sa Majesté autres que lesdits associés ne pourra aller trafiquer èsdites isles, ports, havres et rivières d'icelles que du consentement par escrit desdits associés et sous les congés qui leur seront accordés sur ledit consentement, le tout à peine de confiscation des vaisseaux et marchandises de ceux qui iront autrement, applicable au profit de ladite compagnie, et le grand maistre de la navigation et commerce, et ses successeurs en ladite charge, ne donneront aucun congé pour aller ausdites isles, sinon à ladite compagnie, laquelle s'intitulera dorénavant « la Compagnie des isles de l'Amérique ».

Art. XI. — Et pour convier lesdits sujets de Sa Majesté à une si glorieuse entreprise, et si utile pour l'Estat, Sa dite Majesté accordera que les descendants des François habitués èsdites isles et les sauvages qui seront convertis à la Foy et en feront profession, seront censés et réputés naturels françois, capables de toutes charges, honneurs, successions, donations, ainsy que les originaires et régnicoles, sans être tenus de prendre lettres de déclaration ou de naturalité.

Art. XII. — Et d'autant que le principal objet des associés et de ceux qui se pourront associer est pour la gloire de Dieu et l'honneur du Royaume, Sa Majesté déclarera que les prélats et autres ecclésiastiques, les seigneurs et gentilhommes, et les officiers soit du conseil de Sa Majesté, cours souveraines ou autres, qui seront associés, ne diminueront en rien de ce qui est de leur noblesse, qualités, privilèges et immunités.

Art. XIII. — Que les artisans qui passeront èsdites isles et y séjourneront pendant 6 années consécutives, et y exerceront leur métier, soient réputés maistres de

chefs-d'œuvre, et puissent tenir boutiques ouvertes en
toutes les villes du royaume, à la réserve de la ville de
Paris, en laquelle ne pourront tenir boutique ouverte
que ceux qui auront demeuré et pratiqué leur métier
èsdites isles pendant 10 années.

Art. XIV. — Et que, s'il arrivoit guerre civile ou estran-
gère qui empeschât lesdits associés d'exécuter ce à quoi
ils sont obligés par les présents articles, il plaira à Sa
dite Majesté leur prolonger le temps pour l'exécution
d'iceux.

Art. XV. — Et, au cas que lesdits associés manquassent
en quelque point à ce qu'ils s'obligent, Sa dite Majesté
pourra donner liberté à toutes personnes de trafiquer
èsdites isles et disposer des terres non occupées par ladite
compagnie ou autres François ayants droit d'eux, ainsi
qu'il plaira, sans que lesdits associés puissent être tenus d'aucuns dommages et intérêts pour le défaut d'exécution.

Art. XVI. — Sa Majesté fera expédier et vérifier ès
lieux qu'il appartiendra, toutes lettres nécessaires pour
l'entretènement de ce que dessus; et, en cas d'opposition à ladite vérification, Sa Majesté s'en réservera la
connoissance à soi et à sa personne.

Ce fait et accepté et accordé en l'hostel de mondit Seigneur le cardinal à Paris, rue Saint-Honoré, l'an 1635,
le lundi 12e de février après midi, et ont mondit Seigneur le cardinal de Richelieu et le sieur Berruyer

signé la minute des présentes, demeurées audit Parque, notaire.

— On a vu précédemment que la compagnie dont il s'agit dans la charte qu'on vient de lire, avait obtenu de tels résultats en sept années que, pour la deuxième fois, sa charte fut refaite et ses privilèges augmentés. Voici l'édit par lequel le roi lui octroyait une charte nouvelle :

Charte de la Compagnie des isles de l'Amérique (1642).

Louis, etc., salut. Quelques-uns de nos subjets expérimentés aux navigations éloignées, et portés d'un louable désir de former des colonies de François aux Indes occidentales, ayant reconnu qu'en plusieurs isles et costes de l'Amérique on pouvoit establir un commerce suffisant à l'entretien de quelques peuplades, auroient dès l'année 1626 pris commission de notre très cher et très amé cousin le cardinal, duc de Richelieu, grand maistre, chef et surintendant général de la navigation et commerce de France, pour peupler et habiter sous nostre autorité l'isle de Saint-Christophe et autres circonvoisines; à quoi ayant travaillé avec un médiocre succès en ladite isle de Saint-Christophe, à cause des pertes et dépenses qu'ils auroient faites, ne pouvant continuer leur dessein avec espérance d'un notable progrès s'ils n'étoient secourus, se seroient retirés par devers nostredit cousin, qui

auroit accordé de nouveaux privilèges et plus grandes
commissions à la société formée pour cette entreprise,
sous le nom de la Compagnie des isles de l'Amérique,
que nous aurions agréés et confirmés par nostre arrêt du
8 mars 1635, aux charges et conditions portées par les
articles desdites commissions; depuis lesquelles, par les
travaux, dépenses et bonne conduite de ladite Compagnie, la colonie des François s'est tellement accrue,
qu'au lieu de l'isle de Saint-Christophe seule, il y en a
maintenant trois ou quatre peuplées, non seulement de
4,000 personnes que la Compagnie estoit obligée d'y faire
passer en vingt années, mais de plus de 7,000 habitants avec bon nombre de religieux de divers ordres,
et des forts construits et munitionnés pour la défense
du pays et seureté du commerce; en sorte qu'il y a lieu
d'espérer que ladite Compagnie, continuant ses soins,
nous procurera le fruit que nous en avons principalement désiré, en la conversion des peuples barbares à la
Religion chrétienne, outre les avantages que nostre
royaume peut tirer de ces colonies avec le temps et
les occasions; et, pour reconnoistre les services agréables
que les associés de ladite Compagnie nous ont en ce
rendus, les récompenser des dépenses qu'ils ont faites,
les encourager à l'avenir et exciter autres de nos sujets à pareilles entreprises : — Savoir faisons, qu'ayant
fait examiner en nostre Conseil les contrats des 12 fév.
1635 et 21 janv. 1642 faits par notre très cher et bien
amé cousin le cardinal, duc de Richelieu, grand maître,
chef et surintendant général de la navigation et commerce de France, avec le sieur Berruyer, pour les as-

sociés de la Compagnie des isles de l'Amérique ; nous
avons ratifié, confirmé et validé, et par ces présentes
ratifions, confirmons et validons lesdits contrats, voulons et nous plaît qu'ils sortent leur plein et entier effet,
et que les associés en ladite Compagnie, leurs hoirs, successeurs et ayants cause, jouissent du contenu en iceux :
et conformément auxdits contrats avons ordonné et ordonnons ce qui suit :

Art. 1ᵉʳ. — Que les associés de ladite Compagnie
continueront de travailler à l'établissement des colonies
aux isles de l'Amérique, situées depuis le 10ᵉ jusqu'au
30ᵉ degré inclusivement en deçà de la ligne équinoxiale,
qui ne seront à présent occupées par aucun prince chrétien,
ou qui sont tenues par les ennemis de cet État ou qui se
trouveront possédées par autres de nos sujets sans concessions par nous approuvées et ratifiées, et même dans les
isles occupées par nos alliés, en cas qu'ils le puissent
faire de leur consentement ; et, advenant que la Compagnie veuille entreprendre sur les isles étant en l'obéissance de nos ennemis, nous promettons l'assister de
vaisseaux et soldats, armes et munitions, selon les oc-
currences et l'état de nos affaires.

Art. II. — Et d'autant que le principal objet desdites
colonies doit être la gloire de Dieu, lesdits associés ne
souffriront dans lesdites isles être fait exercice d'autre religion que la catholique, apostolique et romaine, et feront
tout leur possible pour obliger les gouverneurs et officiers desdites isles à y tenir la main ; et pour travailler

12

incessamment à la conversion des sauvages, tant des
isles qu'ils auront occupées que des autres voisines,
tenues par les anciens peuples de l'Amérique, lesdits
associés auront en chacune desdites colonies un nombre
suffisant d'ecclésiastiques pour l'administration de la
parole de Dieu et la célébration du service divin, feront
construire des lieux propres à cet effet, fourniront des
ornements, livres et autres choses ordinaires.

ART. III. — Nous avons accordé et accordons à perpétuité aux associés de ladite Compagnie, leurs hoirs, successeurs et ayants cause, la propriété desdites isles, situées depuis le 10e jusqu'au 30e degré inclusivement
en deçà de la ligne équinoxiale et costes de l'Amérique,
en toute justice et seigneurie, les terres, ports, rivières,
havres, fleuves, conformément aux ordonnances ; de
toutes lesquelles choses susdites nous nous réservons
seulement la foi et hommage qui nous sera fait et à nos
successeurs rois de France, par l'un desdits associés au
nom de tous à chaque mutation de roy, et la provision
des officiers de la justice souveraine, qui nous seront
nommés et présentés par lesdits associés, lorsqu'il sera
besoin d'y en établir.

ART. IV. — Pourront lesdits associés faire fortifier
des places et construire des forts aux lieux qu'ils
jugeront les plus commodes pour la conservation des
colonies et seureté du commerce.

ART. V. — Leur avons permis d'y faire fondre des

canons et boulets, forger toute sorte d'armes offensives et défensives, faire poudre à canon et autres munitions.

Aʀᴛ. VI. — Mettront lesdits associés tels capitaines et
gens de guerre que bon leur semblera dans lesdites isles
et sur les vaisseaux qu'ils enverront; nous réservant
néanmoins de pourvoir d'un gouverneur général sur
toutes lesdites isles, lequel ne pourra en façon quelconque
s'entremettre du commerce, distribution des terres, et
d'exercice de la justice, ce qui sera expressément porté
par la Commission.

Aʀᴛ. VII. — Lesdits associés disposeront desdites
choses à eux accordées de telle façon qu'ils adviseront
pour le mieux, distribueront les terres entre eux et à
ceux qui s'habitueront sur les lieux, avec réserves de
tels droits ou devoirs et à telles charges et conditions
qu'ils jugeront plus à propos, même en fiefs et avec
haute, moyenne et basse justice, et en cas qu'ils désirent avoir titres de baronnie, comté et marquisat, se
retireront par devers nous pour leur être pourvu de
Lettres nécessaires.

Aʀᴛ. VIII. — Pendant vingt ans, à commencer de la
date des présentes, aucun de nos sujets ne pourra aller
trafiquer auxdites isles, ports, havres et rivières d'i-
celles, que du consentement par écrit desdits associés, et
sous les congés qui leur seront accordés sur ledit consentement, le tout à peine de confiscation des vaisseaux

et marchandises de ceux qui iront sans ledit consentement, applicable au profit deladite Compagnie; et pour cet
effet ne pourront être délivrés aucuns congés pour aller
auxdites isles par notre très cher et bien amé cousin
le cardinal, duc de Richelieu, grand maistre et surintendant général de la navigation et commerce de France,
et ses successeurs en ladite charge, que sur le consentement desdits associés; et, après lesdites vingt années expirées, pourront tous nos sujets aller trafiquer
librement auxdites isles, côtes et autres pays de notre
obéissance.

Art. IX. — Et, s'il arrivait guerre civile ou étrangère
qui empeschât lesdits associés de jouir librement des
privilèges à eux accordés par les présentes pendant lesdites 20 années, nous promettons de leur proroger
le temps en proportion du trouble et empeschement
qu'il auront soufferts.

Art. X. — Et, au cas qu'il se trouve des isles dans
ladite étendue du 10e au 30e dégré qui ne soient habitées par les François après lesdites 20 années, nous
nous réservons l'entière disposition desdites isles non
habitées, pour les accorder à telles personnes que bon
nous semblera.

Art. XI. — Et pour indemniser lesdits associés des
grandes dépenses desdits établissements et favoriser le
commerce et les manufactures qui pourront s'introduire
dans lesdites isles, nous leur avons accordé et accordons

l'exemption de tous droits d'entrée pour toute sorte
de marchandises provenant desdites isles appartenant
aux associés de ladite Compagnie, en quelques ports de
notre royaume qu'elles puissent être amenées pendant
lesdites 20 années seulement, dont sera fait mention
expresse dans les baux à ferme de nos droits qui se
feront pendant ledit temps.

Art. XII. — Pour convier nos sujets à une si glorieuse entreprise et si utile à cet Estat, nous promettons à ladite Compagnie de faire expédier quatre brevets de noblesse dont elle disposera en faveur de ceux
qui occuperont et habiteront à leurs frais quelques-unes
desdites isles, sous l'autorité de ladite Compagnie, et y
demeureront pendant 2 années avec 50 hommes au
moins.

Art. XIII. — Et d'autant qu'aucuns de nos sujets
pourroient faire difficulté de transférer leur demeure
èsdites isles, craignant que leurs enfants perdissent leur
droit de naturalité en ce royaume, nous voulons et
ordonnons que les descendants des François habitués
èsdites isles, et même les sauvages qui seront convertis
à la foi chrétienne et en feront profession, soient censés
et réputés naturels françois, capables de toutes charges,
honneurs, successions et donations, ainsi que les originaires et régnicoles, sans être tenus de prendre lettre
de déclaration ou de naturalité.

Art. XIV. — Que les artisans qui passeront èsdites

12.

isles et y exerceront leurs métiers pendant 6 années consécutives seront réputés maistres de chefs-d'œuvre et pourront tenir boutique ouverte en toutes les villes de nostre royaume, à la réserve de notre ville de Paris, en laquelle ne pourront tenir boutique ouverte que ceux qui auront pratiqué leursdits métiers èsdites isles pendant 10 années.

ART. XV. — Parce que le principal objet desdits associés a été la gloire de Dieu et l'honneur de nostre royaume, et qu'en formant ladite entreprise pour l'établissement desdites colonies ils ont bien mérité de cet Estat, nous déclarons qu'eux, leurs successeurs et ayants cause, de quelque qualité qu'ils soient, prélats, seigneurs, gentilshommes, officiers de notre Conseil, cours souveraines et autres, pourront établir et faire tel commerce que bon leur semblera auxdites isles, sans diminution de leurs noblesse, dignités, qualités, privilèges, prérogatives et immunités.

ART. XVI. — Et d'autant que ladite Compagnie pourroit, en exécution des privilèges à elle accordés, avoir plusieurs procès en divers lieux de ce royaume, où le retour de ses vaisseaux ou le débit de sesdites marchandises se feront, et qu'il ne seroit pas raisonnable qu'elle fût traduite en diverses juridictions, ce qui la consumeroit en frais et retarderoit l'avancement de ses affaires; nous avons évoqué et évoquons à nous et à notre personne tous les procès et différends auxquels ladite Compagnie est ou sera dorénavant partie, ou èsquels il s'agira de la conservation de ses privilèges, et iceux avec leurs circonstances et dépendances à nous évoquées, renvoyé et renvoyons en nostre Grand-Conseil, auquel à cet effet nous avons attribué toute cour, juridiction et connoissance, et icelles interdites et défendues à tous autres juges,

— Toutes les chartes n'étaient pas accordées à des compagnies, on s'en pourra convaincre en lisant celle qui suit, laquelle était octroyée à un particulier, le sieur d'Ogeron. Cependant on remarquera que les conditions imposées par le roi et les privilèges qu'il accordait étaient en ce cas les mêmes que dans les chartes octroyées à des compagnies. En dehors des dispositions de cette charte, nous avons cru également utile d'en donner le préambule :

Charte et concession des isles Lucayes au sieur d'Ogeron (1662).

Louis, etc. Le zèle de la gloire de Dieu et l'honneur de nostre Estat ayant porté quelques-uns de nos sujets à entreprendre l'establissement de plusieurs colonies françoises en divers lieux de l'Amérique, dont le dessein a si heureusement réussi dans le Canada et aux isles de l'Amérique méridionale, qu'à leur exemple certain nombre de nosdits sujets, ayant depuis aussi formé une compagnie à la faveur de nostre concession sous le titre de *France Méridionale*, pour s'establir en terre ferme, ont eu néanmoins un succès si contraire aux premiers establissemens qu'à la fin ladite compagnie, après des dépenses immenses faites en divers embarquemens, a esté contrainte d'abandonner ses desseins, ce qui auroit obligé nostre très cher et bien amé Bertrand d'Ogeron, escuyer, sieur de la Bouère, comme intéressé en ladite compagnie et seigneur en partie de ladite concession, à faire le voyage de l'Amérique depuis quatre ans pour tascher de remédier à ces désordres, à l'occasion de quoi il auroit fait en son particulier de très considérables dépenses par l'envie qu'il avoit de contribuer de tout son pouvoir au restablissement d'une si louable entreprise; mais, estant sur les lieux, voyant les choses entièrement désespérées de ce côté-là, il auroit fait recherche de quelques endroits plus propres que ceux de ladite terre ferme; et ayant trouvé les isles Lucayes désertes et non encore habitées, il nous a fait très humblement supplier de les lui accorder pour y planter la Foy, pour y faire professer la Religion Catholique, Apostolique et Romaine, y estendre nostre nom, la réputation de la Nation Françoise, et pour y establir le commerce, afin que nous puissions tirer à l'avenir par nos propres et naturels sujets et de la première main, les marchandises qui se trouvent èsdits pays; *à ces causes,*

Après avoir fait mettre cette affaire en délibération en nostre Conseil, où estoit nostre très honorée Dame et

Mère, nostre très cher frère le duc d'Anjou, et plusieurs autres grands et notables personnages de nostre royaume, nous avons de nostre certaine science, pleine puissance et autorité royale, donné, accordé et concédé, et par ces présentes signées de nostre main, donnons, octroyons et concédons audit sieur d'Ogeron les isles Lucayes et les Caïques non encore habitées, situées entre la Floride et les isles de Cuba et d'Hispaniola, depuis le vingtième degré de la ligne jusqu'au vingt-huitième, à la réserve de celles qui pourroient se trouver habitées par aucun de nos sujets ou alliés de nostre Couronne ;

Permettons audit sieur d'Ogeron de faire passer dans lesdites isles le nombre de deux cents hommes dans la première année et jusqu'à deux mille de l'un et l'autre sexe dans les dix années suivantes, et plus grand nombre si bon lui semble, pour la levée desquels il lui sera permis de faire afficher en toutes les places publiques le dessein dudit establissement et le faire publier aux prosnes des grandes messes des paroisses de nostre royaume ; à condition de nourrir et loger pendant les trois premières années ceux qu'il fera passer auxdites isles, après lesquelles finies ledit sieur d'Ogeron leur distribuera des terres pour les cultiver, et en convertir les fruits à leur usage et profit particulier ; et, à l'esgard des François qui passeront pour leur compte et à leur frais avec le gré dudit sieur d'Ogeron, il leur distribuera des terres, dès la première année pour les faire valoir, ainsi qu'ils verront bon estre, et autant qu'ils en pourront cultiver ;

Ordonnons qu'aucuns autres que naturels François, Ca-

tholiques, Apostoliques et Romains, ne pourront estre
establis auxdites isles, soit pour commander, soit pour
obéir, ni admis à passer audit pays dans les navires du
sieur d'Ogeron; au contraire, lui enjoignons de passer
en nombre suffisant des Ecclésiastiques de probité et
d'expérience requises pour prêcher la Foy et administrer
les Sacremens; lesquels Ecclésiastiques il fournira de
logement, vivres, ornemens et de toutes autres choses nécessaires; la mort desquels advenant, il sera obligé d'en
substituer d'autres en leur place;

Et, pour récompenser en quelque façon le sieur d'O-
geron des grandes dépenses, frais et advances nécessaires à un pareil establissement, conservation et augmentation desdites colonies, et donner courage aux gens
de bien de se joindre et contribuer à un si noble et
si louable dessein, nous avons, par ce présent nostre
Édit perpétuel et irrévocable, donné et octroyé, donnons
et octroyons à perpétuité audit sieur d'Ogeron, ses hoirs
et ayans cause, en toute propriété, les fonds, tréfonds
et superficie, Justices et Seigneuries, desdites isles Lucayes et Caïques, ports, havres, fleuves, rivières, estangs, mines et minières; à la charge que, dans cinq
ans, ledit sieur d'Ogeron donnera la déclaration des lieux
où il aura assis ses habitations et peuplades, et que lui
et ses colonies useront et jouiront desdites mines et minières aux mesmes charges et conditions que les Espagnols et Portugais font travailler en celles des terres
qu'ils occupent;

Et, pour ce que nous avons cy-devant accordé plusieurs
concessions qui n'ont eu aucun effet ou qui ont esté

abandonnées, et qu'il ne seroit pas juste qu'après que
ledit sieur d'Ogeron auroit fait son establissement et
diverses habitations et peuplades, il y fût troublé et in-
quiété sous prétextes de concessions précédentes prescrites, et auxquelles on a renoncé par le peu de soin
qu'on a apporté à les faire valoir, nous avons, pour éviter tous les différends qui en pourroient naistre, révoqué toutes autres concessions non exécutées, en ce qu'elles
pourroient comprendre lesdites isles, lesquelles ne voulons pouvoir nuire ni préjudicier à la présente concession ;

Pour la plus grande seureté et conservation de laquelle
permettons et donnons pouvoir audit sieur d'Ogeron d'y
faire fondre canons et boulets, forger toute sorte d'armes offensives et défensives, faire poudre à canon, bastir
et fortifier places, y préposer gouverneurs, capitaines,
lieutenants et autres officiers, tant de guerre que de justice et police, tels qu'il verra bon estre, les révoquer et
changer, et distribuer les terres entre eux et aux particuliers, les inféoder avec rétention d'hommages et autres
droits seigneuriaux, et généralement faire tout ce qu'il
jugera nécessaire pour le bien et advancement desdites
colonies, ne nous réservant autre chose que le ressort,
foy et hommage, qui nous sera porté à la Tour de notre
château du Louvre, à Paris, et à nos successeurs roys
par ledit sieur d'Ogeron, ses héritiers ou ayans cause,
à chaque mutation de roy, et la provision des officiers
de la justice souveraine qui nous seront nommés et présentés par ledit sieur d'Ogeron, lorsqu'il sera jugé à
propos d'y en establir ;

Et d'autant plus que le plus souvent il arrive qu'après que la plus grande dépense de telles entreprises est faite, les fruits s'en recueillent par ceux qui n'y ont rien contribué, par le moyen du commerce qu'ils y exercent au préjudice de ceux qui en ont fait toutes les advances, ce qui est injuste et le principal empeschement du progrès desdites colonies, nous avons concédé et accordé, concédons et accordons par ce mesme nostre édit perpétuel et irrévocable pour toujours audit sieur d'Ogeron, ses hoirs et ayans cause, tout le trafic qui se pourra faire soit par mer et par terre, dans l'estendue desdites isles Lucayes et Caïques, sans en rien excepter, mesme celui de la coste de l'isle Espagnole ou Saint-Domingue et de la Tortue, voisines desdites isles;

Interdisons ledit commerce et trafic à tous autres, à peine de confiscation des vaisseaux et marchandises, lesquels dès à présent nous déclarons appartenir au sieur d'Ogeron, en cas de contravention, sans qu'il soit besoin d'autre déclaration ni jugement plus précis, à condition qu'il fera son establissement dans le temps et en la manière ci-dessus exprimée; au moyen de quoi voulons qu'il ne soit à l'advenir, et tant que ledit establissement subsistera, délivré par nostre oncle, le duc de Vendôme, grand maistre, chef et surintendant général de la navigation et commerce de France, ou ses successeurs en ladite charge, aucuns congés, passeports ou permissions à autres qu'audit sieur d'Ogeron, pour les voyages et commerce auxdites isles, sinon par l'exprès consentement par escrit des personnes préposées en France pour les affaires dudit sieur d'Ogeron; à la charge néanmoins que les François habitués auxdites isles y pourront librement naviguer et charger leurs effets ès vaisseaux dudit sieur d'Ogeron, tant en allant qu'au retour, sans payer autres ni plus grands frais que les habitans des autres isles déjà habitées ;

Permettons, en outre, audit sieur d'Ogeron d'armer en guerre tel nombre de vaisseaux qu'il jugera nécessaire, tant pour la seureté de la navigation et commerce que pour le bien et advantage de ses dites colonies, et de mettre sur chacun d'iceux jusqu'à la moitié ou les deux tiers d'artillerie de fonte verte, et tels capitaines, lieutenans, officiers, soldats et matelots que bon lui semblera, en prenant à chaque embarquement les commissions nécessaires pour leur armement de guerre, payant les droits ordinaires et accoutumés, et aux conditions des ordonnances de la Marine sur le fait desdits armements, et que les prises qui seront faites, si elles ne peuvent commodément estre amenées ès ports de France où l'armement aura esté fait, les capitaines en feront faire l'instruction par les officiers qui seront commis et establis aux ports et havres desdites isles pour la juridiction des causes maritimes par nostre dit oncle ou ses successeurs en ladite charge, sur la présentation dudit sieur d'Ogeron, pour en estre les procédures apportées en nostre Conseil et sur icelles lesdites prises jugées suivant nos ordonnances, à la charge d'amener en France deux ou trois prisonniers de chacune desdites prises ;

Et parce que le principal objet dudit sieur d'Ogeron a esté la gloire de Dieu et le bien de nostre service, et

13

qu'en formant le dessein d'un pareil establissement, il mérite quelque grâce de cet Estat, même ceux qui s'associeront avec lui pour contribuer à l'establissement desdites colonies, nous déclarons qu'eux tous, leurs successeurs et ayans cause, de quelque qualité et condition qu'ils soient, prélats, seigneurs, gentilshommes, officiers de nostre Conseil, cours souveraines ou autres, pourront establir et faire le commerce que bon leur semblera auxdites isles concédées par les présentes et autres lieux nécessaires pour le bien dudit establissement, sans diminution de leur noblesse, dignité, qualité, privilèges, prérogatives et immunités;

Et, afin que les moindres habitans de ladite colonie ne soient pas privés des récompenses que mérite leur résolution, et pour y procurer avec advantage l'establissement de tous arts et métiers, voulons que tous ceux qui se transporteront audit lieu soient toujours censés et réputés regnicoles et naturels François, eux et leurs descendants, pour quelque temps qu'ils y demeurent, capables de toutes successions, dons, legs et autres dispositions, sans estre obligés d'obtenir aucunes lettres de naturalité;

Que les artisans qui auront exercé leurs dits arts et métiers pendant six années consécutives audit lieu, soient réputés maistres de chefs-d'œuvre avec pouvoir de lever boutique ouverte en toutes les villes de nostre royaume, estant de retour et désirant s'y establir, à la réserve néanmoins de nostre ville de Paris, en laquelle ne pourront tenir boutique ouverte que ceux qui auront exercé leurs dits métiers pendant dix années;

Et, pour favoriser d'autant plus le dessein dudit sieur d'Ogeron, et témoigner combien nous l'avons agréable, nous déchargerons pendant un temps considérable de toutes impositions les marchandises que ledit sieur d'Ogeron fera venir desdites isles en France pour lui donner et aux autres plus de moyens de travailler à l'augmentation de ladite colonie ;

Et dès à présent promettons qu'au premier navire qui en arrivera chargé de marchandises, il sera fait en nostre Conseil une taxe modérée des droits qui en devront estre payés, en sorte que ledit sieur d'Ogeron et les habitans desdites isles en reçoivent tel soulagement qu'ils auront lieu de nous en savoir gré ;

Lesquelles marchandises arrivant, ledit sieur d'Ogeron pourra tenir en tels magasins que bon lui semblera, les y faire vendre et débiter en gros et en détail à toutes personnes sans aucun trouble ni empeschement, nonobstant tous privilèges de maistrises, ordonnances de police des villes où lesdites marchandises se trouveront, ou autres empeschements quels qu'ils soient, auxquels pour ce regard nous avons dérogé et dérogeons ;

Et d'autant que les procès sont la cause la plus ordinaire de la ruine des plus belles entreprises, en cas de différend pour choses concernant cette présente concession, soit entre ledit sieur d'Ogeron, ses associés ou autres personnes non intéressées auxdites colonies, nous avons évoqué et évoquons par ces présentes, à nous et à nostre Conseil tous les procès qu'il pourra avoir, tant en demandant qu'en défendant, et iceux renvoyés avec leurs circonstances et dépendances en nostre grand

Conseil, auquel nous en attribuons toute connoissance, cour et juridiction, et l'interdisons à tous autres
juges.

Si donnons, etc., l'an de grâce mil six cent soixante-
deux.

— La série de chartes que nous nous sommes
proposé de publier dans ce volume, serait incomplète
si nous omettions celle de la Compagnie des Indes
Occidentales, fondée en 1664 et dont la concession
engloba toutes les terres des Indes Occidentales qui
relevaient de la Couronne de France.

On entend si souvent parler des anciennes Compagnies des Indes, qu'il ne sera pas indifférent à
nos lecteurs d'avoir sous les yeux les statuts de
l'une d'elles.

La lecture de ces statuts leur permettra de concevoir la façon dont étaient constituées et fonction-
naient ces immenses sociétés qui firent tant de
bruit chez nous avant la Révolution. Ils y verront,
de plus, l'intérêt primordial que la royauté française attacha jadis au commerce des colonies et à la
colonisation.

Nous avons cru devoir passer le préambule qui
aurait été trop long.

Charte de la Compagnie des Indes Occidentales (1664).

ART. Ier. — Comme nous regardons dans l'établissement desdites colonies principalement la gloire de Dieu en procurant le salut des Indiens et sauvages, auxquels nous désirons faire connaître la vraie religion, ladite Compagnie, présentement établie sous le nom de Compagnie des Indes Occidentales, sera obligée de faire passer aux pays ci-dessus concédés le nombre d'ecclésiastiques nécessaires pour y prêcher le saint Évangile, et instruire ces peuples en la créance de la religion catholique, apostolique et romaine ; comme aussi de bâtir des églises, d'y établir des curés et prêtres, dont elle aura la nomination, pour faire le service divin aux jours et heures ordinaires, et administrer les sacremens aux habitans ; lesquelles églises, curés et prêtres, ladite Compagnie sera tenue d'entretenir décemment et avec honneur, en attendant qu'elle les puisse fonder raisonnablement, sans toutefois que ladite Compagnie puisse changer aucun des ecclésiastiques qui sont à présent établis dans lesdits pays, sur lesquels elle aura néanmoins les mêmes pouvoir et autorité que les précédens gouverneurs et propriétaires d'icelles isles.

ART. II. — Ladite Compagnie sera composée de tous ceux de nos sujets qui voudront y entrer, de quelque qualité et condition qu'ils soient, sans que pour cela ils dérogent à leurs noblesse et privilèges, dont nous les dispensons ; dans laquelle Compagnie pourront pareillement entrer les étrangers et sujets de quelque prince et État que ce soit.

ART. III. — Tous ceux qui voudront entrer en ladite Société, soit François ou étrangers, y seront reçus pendant quatre mois, à compter du premier jour du mois de juin de la présente année, pour telle somme qu'il leur plaira, qui ne pourra néanmoins être moindre de 3,000 livres, après lequel temps passé aucune personne n'y sera admise.

ART. IV. — Ceux qui mettront dans ladite Compagnie depuis 10 jusqu'à 20,000 livres, soit François ou étrangers, pourront assister aux assemblées générales, et y avoir voix délibérative, et ceux qui y mettront 20,000 livres et au-dessus, pourront être élus directeurs généraux à leur tour, ou selon l'ordre qui sera arrêté par ladite Compagnie, et acquerront ceux qui seront intéressés en ladite Compagnie pour 20,000 livres le droit de bourgeoisie dans les villes du royaume où ils feront leur résidence.

ART. V. — Les étrangers qui entreront dans ladite Compagnie pour ladite somme de 20,000 livres seront réputés François et régnicoles pendant le temps qu'ils demeureront et seront intéressés pour lesdites 20,000 livres en ladite Compagnie ; et, après le temps de 20 années expiré, ils jouiront dudit privilège incommutablement sans avoir besoin d'autres lettres de naturalité ; et leurs parents, quoique étrangers, leur pourront succéder en tous les biens qu'ils auront en ce royaume, leur déclarant que nous renonçons dès à présent pour ce regard à tout droit d'aubaine.

ART. VI. — Les officiers qui entreront en ladite Compagnie pour 20,000 livres seront dispensés de la résidence à laquelle Sa Majesté les oblige par sa déclaration du mois de décembre dernier, et jouiront de leurs gages et droits comme s'ils étaient présents aux lieux de leur résidence.

ART. VII. — Les intéressés en ladite Compagnie pourront vendre et céder et transporter les actions qu'ils auront en icelle à qui et ainsi que bon leur semblera.

ART. VIII. — Sera établi en la ville de Paris une Chambre de direction générale, composée de 9 directeurs généraux qui seront élus par la Compagnie et dont il y en aura au moins 3 de marchands, lesquels directeurs exerceront ladite direction pendant 3 années ; et où les affaires de ladite Compagnie requéreroient des chambres de direction particulière dans les provinces, il en sera établi par ladite Compagnie avec le nombre de directeurs qu'elle jugera à propos, lesquels seront pris du nombre des marchands desdites provinces, et non d'autres ; lesquels marchands pourront entrer dans lesdites directions particulières, bien qu'ils ne soient intéressés que pour 10,000 livres, et ne pour-

ront lesdits directeurs généraux et particuliers être in-
quiétés en leurs personnes, ni en leurs biens, pour raison des affaires de ladite Compagnie.

ART. IX. — Sera tenu tous les ans une assemblée
générale au 1er jour de juillet pour délibérer sur les
affaires générales de la Compagnie, où tous ceux qui
auront voix délibérative pourront assister ; en laquelle
assemblée seront nommés lesdits directeurs généraux
et particuliers à la pluralité des voix ; et. comme ladite
Compagnie ne peut être entièrement formée avant le
1er jour d'octobre prochain, sera le 15 dudit mois fait
une assemblée générale pour la nomination des 9 premiers directeurs généraux, dont 3 sortiront après 3 années expirées, et en leur place il en entrera 3 nouveaux ;
la même chose se fera l'année suivante, et ainsi toutes
les années il en sortira et entrera pareil nombre ;
en sorte que ladite chambre de direction générale sera
toujours composée de 9 directeurs, savoir 6 anciens
et 3 nouveaux qui exerceront 3 années, à la réserve
des 9 premiers directeurs, dont 3 exerceront 4 années et les 3 autres 5, afin que les affaires de
ladite Compagnie soient conduites avec plus de connoissance ; la même chose se pratiquera pour l'élection
des directeurs particuliers, et, en cas de mort d'aucun
des directeurs, il en sera élu d'autres par ladite Compagnie audit jour 1er juillet.

ART. X. — Les secrétaire et caissier général de la
Compagnie en France seront nommés par icelle à la

pluralité des voix, et ne pourront être destitués qu'en la même manière.

ART. XI. — Les effets de ladite Compagnie, ni les parts et portions qui appartiendront aux intéressés en icelle, ne pourront être saisis pour nos affaires pour quelque cause, prétexte ou occasion que ce soit, et même les parts qui appartiendront aux étrangers pour raison ou sous prétexte de guerre, repressailles ou autrement, que nous pourrions avoir contre les princes et États dont ils sont sujets.

ART. XII. — Ne pourront pareillement être saisis les effets de ladite Compagnie par les créanciers d'aucun des intéressés pour raison de leurs dettes particulières, et ne seront tenus les directeurs de ladite Société de faire voir l'état desdits effets, ni rendre aucun compte aux créanciers desdits intéressés ; sauf auxdits créanciers à faire saisir et arrêter, entre les mains du caissier général de ladite Compagnie, ce qui pourra revenir auxdits intéressés par les comptes qui seront arrêtés par la Compagnie, auxquels ils seront tenus de se rapporter, à la charge que lesdits saisissants feront vuider lesdites saisies dans les 6 mois du jour qu'elles auront été faites, après lesquels elles seront nulles et comme non avenues et ladite Compagnie pleinement déchargée.

ART. XIII. — Les directeurs généraux à Paris nommeront les officiers, commandans et commis néces-

13.

saires pour le service de ladite Compagnie, soit dans les royaumes ou dans les pays concédés, et ordonneront des achats de marchandises, équipement des vaisseaux, paiement des gages des officiers et commis, et généralement de toutes les choses qui seront pour le bien et utilité de ladite Compagnie; lesquels directeurs pourront agir les uns en l'absence des autres; à la charge toutefois que les ordonnances pour les dépenses seront signées au moins par quatre desdits directeurs.

ART. XIV. — Les comptes des chambres de direction particulière ou des commissaires qui seront établis dans les provinces, seront rendus à la chambre de direction générale à Paris, de 6 mois en 6 mois, et ceux de ladite chambre de direction générale à Paris, arrêtés d'année en année, et les profits partagés, à la réserve des deux premières années, pendant lesquelles il ne sera fait aucun partage; lesquels comptes seront rendus à la manière des marchands, et les livres de raison de ladite Compagnie, tant de ladite direction générale que des particulières, tenus en parties doubles, auxquels livres sera ajouté foi en justice.

ART. XV. — La Compagnie fera seule, à l'exclusion de tous nos autres sujets qui n'entreront en icelle, tout le commerce et navigation dans lesdits pays concédés pendant quarante années; et, à cet effet, nous faisons défenses à tous nosdits sujets qui ne seront de ladite Compagnie d'y négocier, à peine de confiscation de leurs vaisseaux et marchandises, applicable au profit de ladite

Compagnie, à la réserve de la pêche qui sera libre à tous nosdits sujets.

ART. XVI. — Et pour donner moyen à ladite Compagnie de soutenir les grandes dépenses qu'elle sera obligée de faire pour l'entretien des colonies, et du grand nombre de vaisseaux qu'elle envoyera auxdits pays concédés, nous promettons à ladite Compagnie de lui faire payer pour chacun voyage de sesdits vaisseaux qui feront leurs équipements et cargaisons dans les ports de France, iront décharger et rechargeront dans lesdites isles et terre ferme, où les colonies françaises seront établies, et feront leurs retours dans les ports du royaume, 30 livres pour chacun tonneau de marchandises qu'ils porteront dans lesdits pays, et 40 livres pour chacun tonneau de celles qu'ils en rapporteront et qu'il déchargeront, ainsi qu'il est dit, dans les ports du royaume, dont, à quelque somme que chaque voyage puisse se monter, nous leur avons fait et faisons don, sans que, pour ce. il soit besoin d'autres lettres que la présente concession ; voulons et ordonnons que lesdites sommes soient payées à ladite Compagnie par le garde de notre trésor royal, sur les certifications de deux des directeurs, et passées dans ses comptes sans aucune difficulté.

ART. XVII. — Les marchandises venant desdits pays qui seront apportées en France par les vaisseaux de ladite Compagnie, pour être transportées par mer ou par terre dans les pays étrangers, ne payeront aucun droit d'entrée ni de sortie, en donnant par les directeurs particuliers qui seront sur les lieux ou leurs commissionnaires des certificats aux bureaux de nos fermes, comme lesdites marchandises ne sont point pour consommer en France, et seront lesdites marchandises mises en dépôt dans les Douanes et Magasins jusqu'à ce qu'elles soient enlevées.

ART. XVIII. — Les marchandises qui auront été déclarées pour être consommées dans le royaume et acquittées des droits d'entrée et que la Compagnie voudra renvoyer aux pays étrangers, ne payeront aucun droit de sortie, non plus que les sucres qui auront été raffinés en France dans les raffineries que la Compagnie fera établir, lesquels nous déchargeons pareillement de tous droits de sortie, pourvu qu'ils soient chargés sur des vaisseaux françois pour être transportés hors du royaume.

ART. XIX. — Ladite Compagnie sera pareillement exempte de tous droits d'entrée et sortie sur les munitions de guerre, vivres et autres choses nécessaires pour l'avitaillement et armement des vaisseaux qu'elle équipera, même de tous les bois, cordages, canons de fer et fonte, et autres choses qu'elle fera venir des pays étrangers pour la construction des navires qu'elle fera bâtir en France.

ART. XX. — Appartiendront à ladite Compagnie en toute seigneurie, propriété et justice, toutes les terres qu'elle pourra conquérir et habiter pendant lesdites 40 années, et l'étendue desdits pays ci-devant exprimés et concédés, comme aussi les isles de l'Amérique appelées Antilles, habitées par les François, qui ont été vendues à plusieurs particuliers par la compagnie desdites isles, formée en 1642, en remboursant les seigneurs propriétaires d'icelles, des sommes qu'ils ont payées pour l'achat, conformément à leurs contrats d'acquisition, et des améliorations et augmentations qu'ils y ont faites suivant la liquidation qu'en feront les commissaires par nous à ce députés, et les laissant jouir des habitations qu'ils y ont établies depuis l'acquisition desdites isles.

Art. XXI. — Tous lesquels pays, isles et terres, places et forts qui peuvent avoir été construits et établis par nos sujets, nous avons donnés, octroyés et concédés, donnons, octroyons et concédons à ladite Compagnie, pour en jouir à perpétuité, en toute propriété, seigneurie et justice, ne nous réservant autre droit, ni devoir, que la seule foi et hommage lige, que ladite Compagnie sera tenue de nous rendre et à nos successeurs rois, à chaque mutation de roi, avec une couronne d'or du poids de 30 marcs.

Art. XXII. — Ne sera tenue ladite Compagnie d'aucun remboursement ni dédommagement envers les compagnies auxquelles nous ou nos prédécesseurs rois ont concédé lesdites terres et isles, nous chargeant d'y satisfaire si aucun leur est dû ; auquel effet, nous avons

révoqué et révoquons à leur égard toutes les concessions
que nous leur avons accordées, auxquelles en tant que
besoin nous avons subrogé ladite Compagnie pour jouir
de tout le contenu en icelles ainsi et comme si elles
étaient particulièrement exprimées.

Art. XXIII. — Jouira ladite Compagnie, en qualité de
seigneur desdites terres et isles, des droits seigneuriaux
qui sont présentement établis sur les habitants desdites terres et isles, ainsi qu'ils se lèvent à présent par
les seigneurs propriétaires, si ce n'est que la Compagnie
trouve à propos de les commuer en autres droits pour
le soulagement desdits habitants.

Art. XXIV. — Ladite Compagnie pourra vendre ou
inféoder les terres, soit dans lesdites isles, terre ferme de
l'Amérique ou ailleurs dans lesdits pays concédés, à tel
cens, rentes et droits seigneuriaux qu'elle jugera bon,
et à telles personnes qu'elle trouvera à propos.

Art. XXV. — Jouira ladite Compagnie de toutes les
mines et minières, caps, golfes, ports, havres, fleuves,
rivières, isles et islots, étant dans l'étendue desdits pays
concédés, sans être tenue de nous payer pour raison desdites mines et minières aucuns droits de souveraineté,
desquels nous lui avons fait don.

Art. XXVI. — Pourra ladite compagnie faire construire
des forts en tous les lieux qu'elle jugera nécessaires pour
la défense dudit pays, faire fondre canons à nos armes,

au-dessous desquelles elle pourra mettre celles que nous lui accordons ci-après, faire poudre, fondre boulets, forger armes, et lever gens de guerre dans le royaume pour envoyer auxdits pays, en prenant permission en la forme ordinaire et accoutumée.

ART. XXVII. — Ladite Compagnie pourra aussi établir tels gouverneurs qu'elle jugera à propos soit dans la terre ferme, par provinces ou départements séparés, soit dans lesdites isles, lesquels gouverneurs seront nommés et présentés par les directeurs de ladite Compagnie pour leur être expédié nos provisions, et pourra ladite Compagnie les destituer toutes fois et quantes que bon lui semblera, et en établir d'autres en leurs places, auxquels nous ferons pareillement expédier nos lettres sans aucune difficulté, en attendant l'expédition desquelles ils pourront commander le temps de six mois ou un an au plus, sur les commissions des directeurs.

ART. XXVIII. — Pourra ladite Compagnie armer et équiper en guerre tel nombre de vaisseaux qu'elle jugera à propos pour la défense desdits pays et la sûreté dudit commerce, sur lesquels vaisseaux elle pourra mettre tel nombre de canons de fonte que bon lui semblera, arborer le pavillon blanc avec les armes de France, et établir tels capitaines, officiers, soldats et matelots, qu'elle trouvera bon, sans que lesdits vaisseaux puissent être par nous employés, soit à l'occasion de quelque guerre ou autrement, sans le consentement de ladite Compagnie.

Art. XXIX. — S'il est fait aucunes prises par les vaisseaux de ladite Compagnie sur les ennemis de l'État dans les mers des pays concédés, elles lui appartiendront et seront jugées par les officiers qui seront établis dans les lieux desdits pays où elles pourront être menées plus commodément, suivant les ordonnances de la Marine, nous réservant sur icelles le droit de l'amiral, lequel donnera sans difficulté les commissions et congés pour la sortie desdits vaisseaux des ports de France.

Art. XXX. — Pourra ladite Compagnie traiter de paix et alliance en notre nom, avec les rois et princes des pays où elle voudra faire ses habitations et commerce, et convenir avec eux des conditions desdits traités qui seront par nous approuvés, et, en cas d'insulte, leur déclarer la guerre, les attaquer et se défendre par la voie des armes.

Art. XXXI. — Et en cas que ladite Compagnie fût troublée en la possession desdites terres et dans le commerce par les ennemis de notre État, nous promettons de la défendre et assister de nos armes et de nos vaisseaux à nos frais et dépens.

Art. XXXII. — Pourra ladite Compagnie prendre pour ses armes un écusson en champ d'azur semé de fleurs de lys d'or sans nombre, deux sauvages pour support et une couronne treflée; lesquelles armes nous lui concédons pour s'en servir dans ses sceaux et cachets et que nous lui permettons de mettre et apposer aux édifices publics, vaisseaux, canons et partout ailleurs où elle jugera à propos.

ART. XXXIII. — Pourra ladite compagnie, comme seigneur haut justicier de tous lesdits pays, y établir des juges et officiers partout où besoin sera, et où elle trouvera à propos, et les déposer et destituer quand bon lui semblera, lesquels connaîtront de toutes affaires de justice, police, commerce et navigation, tant civiles que criminelles, et où il sera besoin d'établir des conseils souverains, les officiers dont ils seront composés nous seront nommés et présentés par les directeurs généraux de ladite Compagnie, et sur lesdites nominations les provisions leur seront expédiées.

ART. XXXIV. — Seront les juges établis en tous lesdits lieux tenus de juger suivant les lois et ordonnances du royaume, et les officiers de suivre et se conformer à la Coutume de la Prévôté et Vicomté de Paris, suivant laquelle les habitants pourront contracter sans que l'on y puisse introduire aucune autre coutume, pour éviter la diversité.

ART. XXXV. — Et, pour favoriser d'autant plus les habitants desdits pays concédés, et porter nos sujets à s'y habituer, nous voulons que ceux qui passeront dans lesdits pays jouissent des mêmes libertés et franchises que s'ils étoient demeurant en ce royaume, et que ceux qui naîtront d'eux et les sauvages convertis à la foi catholique, apostolique et romaine, soient censés et

réputés regnicoles et naturels françois, et comme tels
capables de toutes successions, dons, legs et autres dispositions, sans être obligés d'obtenir aucunes lettres de
naturalité, et que les artisans qui auront exercé leurs
arts et métiers auxdits pays pendant dix années consécutives, en rapportant certificats des officiers des lieux où
ils auront demeuré, attestés des gouverneurs et certifiés
des directeurs de ladite Compagnie, soient réputés maîtres de chefs-d'œuvre en toutes les villes de notre
royaume où ils voudront s'établir, sans aucune exception.

Art. XXXVI. — Permettons à ladite Compagnie de
dresser et arrêter tels statuts et règlements que bon lui
semblera, pour la conduite et direction de ses affaires,
tant en Europe que dans lesdits pays concédés, lesquels statuts et règlements nous confirmerons par lettres
patentes, afin que les intéressés en ladite Compagnie
soient obligés de les observer selon leur forme et teneur,
sous les peines portées par iceux, que les contrevenants
subiront comme arrêt de cour souveraine.

Art. XXXVII. — Tous différends entre les directeurs
et intéressés de ladite Compagnie, ou d'associés avec associés pour raison des affaires d'icelle, seront jugés à
l'amiable par trois autres directeurs dont sera convenu;
et où les parties n'en voudront convenir, il en sera nommé
d'office sur-le-champ par les autres directeurs, pour
juger l'affaire dans le mois ; et, au cas où lesdits arbitres
ne rendroient leur jugement dans ledit temps, il en sera
nommé d'autres, afin d'arrêter par ce moyen la suite des

procès et divisions qui pourroient arriver en ladite Compagnie, auxquels jugements les parties seront tenues d'acquiescer, comme si c'étoit arrêt de cour souveraine, à peine contre les contrevenants de perte de leur capital qui tournera au profit de l'acquiesçant.

ART. XXXVIII. — Et, à l'égard des procès et différends qui pourroient naître entre les directeurs de ladite Compagnie et les particuliers non intéressés pour raisons des affaires d'icelle, seront jugés et terminés par les juges consuls dont les sentences et jugements s'exécuteront souverainement jusqu'à la somme de 1,000 livres et au-dessus de ladite somme par provision, sauf appel par-devant les juges qui en devront connoître.

ART. XXXIX. — Et, quant aux matières criminelles dans lesquelles aucun de ladite Compagnie sera partie, soit en demandant ou défendant, elles seront jugées par les juges ordinaires, sans que pour quelque cause que ce soit le criminel puisse attirer le civil, lequel sera jugé comme il est dit ci-dessus.

ART. XL. — Ne sera par nous accordé aucunes lettres d'État, ni de répy, évocation ou surséance, à ceux qui auront acheté des effets de la Compagnie; lesquels seront contraints au payement de ce qu'ils devront par les voies et ainsi qu'ils s'y seront obligés.

ART. XLI. — Après lesdites 40 années expirées, s'il n'est jugé à propos de continuer le privilège du com-

merce, toutes les terres et isles que la Compagnie aura
conquises, habitées ou fait habiter avec les droits seigneuriaux et redevances qui seront dus par lesdits
habitants, lui demeureront à perpétuité en toute propriété, seigneurie et justice, pour en faire et disposer
ainsi que bon lui semblera, comme de son propre héritage; comme aussi des forts, armes et munitions, meu-
bles, ustensiles, vaisseaux et marchandises qu'elle aura
dans lesdits pays, sans y pouvoir être troublée, ni que
nous puissions retirer lesdites terres et isles, pour
quelque cause, occasion ou prétexte que ce soit, à quoi
nous avons renoncé dès à présent, à condition que ladite Compagnie ne pourra vendre les dites terres à
aucun étranger, sans notre permission expresse.

ART. XLII. — Et, pour faire connoître à ladite Compagnie, comme nous désirons la favoriser par tous
moyens, contribuer de nos deniers à son établissement,
et à l'achat de vaisseaux et marchandises dont elle a
besoin pour envoyer auxdits pays, nous promettons de
fournir le dixième de tous les fonds qui seront faits par
ladite Compagnie, et ce pendant quatre années, après
lesquelles ladite Compagnie nous rendra lesdites sommes sans aucun intérêt; et, en cas que, pendant lesdites quatre années, elle souffre quelque perte, en la
justifiant par les comptes, nous consentons qu'elle soit
prise sur les deniers que nous aurons avancés, si mieux
nous ne voulons laisser ledit dixième ainsi par nous
avancé dans la caisse de ladite Compagnie, encore pour
quatre autres années, le tout sans aucun intérêt, pour

être en fin desdites huit années fait un compte général de tous les effets de ladite Compagnie; et, en cas qu'il se trouve de la perte du fonds capital, nous consentons que ladite perte soit prise sur ledit dixième et jusqu'à concurrence d'icelui.

ART. XLIII. — En attendant que ladite Compagnie soit entièrement formée, ce qui ne peut être qu'après le temps accordé à toutes personnes d'y entrer, ceux qui y seront présentement intéressés nommeront six d'entre eux pour agir dans les affaires de ladite Compagnie et travailler incessamment à faire équiper les vaisseaux, et aux achats des marchandises qu'il convient envoyer dans lesdits pays, auxquels directeurs, ceux qui voudront entrer en ladite Compagnie s'adresseront, et ce qui aura été géré et négocié par eux sera approuvé.

Toutes lesquelles conditions ci-dessus exprimées, nous promettons exécuter de notre part et faire exécuter partout où besoin sera et en faire jouir pleinement et paisiblement ladite Compagnie, sans que, pendant le temps de la présente concession, il puisse y être apporté aucune diminution, altération ni changement.

Et donnons en mandement, etc.

Donné à Paris, le 28 du mois de mai, l'an de grâce 1664 et de notre règne le 22e.

Signé : LOUIS.

— La charte de la Compagnie de Saint-Domingue,
que nous allons donner maintenant, n'est pas seulement intéressante en ce qu'elle montre que, de 1626
à 1698, les procédés de l'ancien régime n'avaient
pas varié ; il est probable qu'elle sera jugée, en outre,
comme encore plus curieuse que les précédentes, en
raison de ses dispositions relativement aux cultures
et à l'élevage des bestiaux.

Charte de la Compagnie royale de Saint-Domingue (1698).

Louis, etc. Les dernières guerres que nous avons esté
obligés de soutenir ayant suspendu l'exécution du dessein
que nous avions formé depuis longtemps de mettre nos colonies de l'Amérique en état de faire un commerce floris-
sant et utile à notre royaume, notre premier soin a
esté, après la conclusion de la paix générale, de nous
appliquer à trouver les moyens d'y parvenir ; et, pour
cet effet, nous en avons examiné la disposition et la
situation présente, et reconnu qu'il peut estre considérablement augmenté, la navigation de nos sujets estendue et
nos colonies fortifiées, par la culture des terres qui n'ont
pas encore esté occupées, particulièrement de celles
qui sont dans la partie du sud de la portion de

l'isle de Saint-Domingue qui nous appartient, l'une des plus grandes, des mieux situées et des plus fertiles de ce continent ; mais d'autant plus que cette culture ne peut être entreprise par des particuliers avec espérance d'un prompt succès, et qu'ils ne pourroient en tirer ni pour eux, ni pour notre Estat, toute l'utilité que nous en attendons, nous avons fait former une compagnie puissante et composée de personnes dont l'intelligence et les forces nous sont connues, qui nous ont proposé de se charger de l'éxécution de ce dessein, en leur accordant les mêmes privilèges dont jouissoit la Compagnie des Indes Occidentales. A ces causes, désirant les traiter favorablement et régler les conditions sous lesquelles nous entendons établir cette nouvelle Compagnie, après avoir fait mettre cette affaire en délibération à nostre Conseil, et de nostre certaine science, pleine puissance et autorité royale, nous avons par ces présentes établi et établissons une compagnie sous le nom de Saint-Domingue, pour faire seule, pendant cinquante années, le commerce dans la partie de l'isle de Saint-Domingue située et comprise depuis le cap Tiberon jusqu'à la rivière de Naybe inclusivement, dans la profondeur de trois lieues dans les terres à prendre des bords de la mer dans toute cette largeur.

ART. Ier. — Permettons à ladite Compagnie de trafiquer et faire des establissements dans les isles, pays et terres des côtes occidentales de l'Amérique non occupées par les puissances de l'Europe.

ART. II. — Faisons défenses à tous nos autres sujets
de faire aucun commerce pendant ledit temps de cinquante années, tant dans ladite partie de l'isle de Saint-
Domingue, à l'exception toutefois des habitans des autres
quartiers qui pourront y porter les marchandises et
denrées de leurs crus et cultures, que dans les lieux
desdites isles, pays et terres des costes occidentales de
l'Amérique où ladite Compagnie aura fait ses establissements, à peine de confiscation de leurs vaisseaux et
marchandises, applicable à son profit.

ART. III — Nous faisons défenses à tous les habitans
des quartiers du cap François, le Petit-Goave et autres
de l'isle de Saint-Domingue qui y sont establis à présent
de quitter leurs habitations pour passer dans l'estenduc
de ladite concession et y faire de nouveaux establissements
à peine de désobéissance; et à ladite Compagnie d'en
recevoir aucun, sous quelque prétexte que ce soit.

ART. IV. — Pour donner moyen à ladite Compagnie
de s'establir puissamment, nous lui avons accordé et
accordons par ces présentes à perpétuité toutes les terres
incultes de la partie de ladite isle ci-dessus exprimée,
lesquelles lui appartiendront en toute propriété, justice
et seigneurie, pour les faire défricher, cultiver, bastir
des habitations, ne nous réservant aucuns droits ni
devoirs, soit domaniaux ou autres, de quelque nature
qu'il puissent être, pour tout ce qui est compris dans
la présente concession, à l'exception de la seule foi et
hommage lige que ladite Compagnie sera tenue de nous

rendre, et à nos successeurs roys, avec la redevance
d'une couronne d'or, du poids de six marcs, à chaque
mutation de Roy.

ART. V. — Comme nous regardons dans l'establissement de ladite colonie particulièrement la gloire de
Dieu, en procurant le salut de ses habitans indiens,
sauvages et nègres, que nous désirons estre instruits dans
la vraie religion, ladite Compagnie sera obligée de bastir
à ses dépens des églises dans les lieux de ses habitations,
comme aussi d'y entretenir le nombre d'ecclésiastiques
approuvés qui sera nécessaire, soit en qualité de curés
ou tels autres qu'il sera convenable, pour y prêcher le
saint Évangile, faire le service divin et y administrer les
sacrements, et seront les curés et autres ecclésiastiques
que ladite Compagnie entretiendra, à sa nomination et
patronage.

ART. VI. — Nous ferons construire à nos dépens dans
le port où la Compagnie fera son principal establissement
une place forte et la ferons munir de canons, mortiers,
poudres, boulets et autres armes convenables, à la charge
que ladite Compagnie entretiendra et paiera à ses dépens
les officiers et la garnison qu'elle estimera nécessaires
pour sa défense. Lesdits officiers seront par nous pourvus sur la nomination de la Compagnie, et elle pourra
les destituer et en commettre d'autres à leur place,
ainsi qu'elle advisera bon estre, auxquels nous ferons
expédier nos lettres de provision, en attendant l'expédition desquelles lesdits officiers pourront faire leur fonction

14

pendant le temps et espace d'un an, sur les commissions des directeurs de la Compagnie.

ART. VII. — Permettons à ladite Compagnie de faire construire tels autres forts, chasteaux et places qu'elle jugera nécessaires pour la défense des pays et habitations, où elle aura fait ses establissements, y mettre des garnisons et lever des gens de guerre dans notre royaume, en prenant notre permission en la forme ordinaire et accoutumée.

ART. VIII. — Pourra la Compagnie traiter et faire alliance en nostre nom avec les roys, princes et Estats estrangers, autres que ceux dépendant d'aucune puissance d'Europe, et convenir avec eux des conditions qu'elle jugera à propos pour y establir et faire son commerce de gré à gré; et, en cas d'insulte, elle pourra leur déclarer la guerre, les attaquer, traiter de paix et de trêve avec eux, et ce qu'elle aura conquis sur eux lui appartiendra en toute propriété incommutable et perpétuelle, avec tous droits utiles et honorables, de quelque nature qu'ils puissent estre.

ART. IX. — La Compagnie pourra vendre les terres dont elle sera en possession dans le pays de sa concession, ou les inféoder à telles conditions qu'elle jugera à propos, droits et devoirs seigneuriaux, haute, moyenne et basse justice, ou les donnera à cens et rentes, ainsi qu'elle advisera.

ART. X. — Elle jouira seule dans l'estendue de sa concession des mines et minières d'or, d'argent, de cuivre, de plomb et de tous autres métaux, sans nous payer pour raison de ce, autres droits que le vingtième de ce qui en proviendra, lui faisant don du surplus, en tant que besoin seroit.

ART. XI. — Sera la Compagnie composée de douze directeurs nommés dans l'acte de société attaché sous le contre-scel des présentes, outre le secrétaire d'Estat ayant le département de la Marine, qui en sera le président, chef et directeur perpétuel.

ART. XII. — Le fonds de ladite Compagnie sera de la somme de 1,200,000 livres qui seront fournies également par lesdits douze directeurs, à raison de 100,000 livres par chacun, dont le caissier leur donnera ses récépissés, et il sera payé à chaque directeur pour droit de présence fixe la somme de 5,000 livres par chaque année pour ses soins et peines.

ART. XIII. — Chaque directeur pourra disposer, si bon lui semble, au profit de telles personnes qu'il voudra, soit de nos sujets ou estrangers faisant profession de la religion catholique, apostolique et romaine, de la moitié de ses fonds, dont il leur passera des déclarations ou cessions, et ceux qui en seront porteurs seront simples concessionnaires, n'auront entrée ni voix délibérative dans la Compagnie, mais participeront à tous les profits et pertes, sans pouvoir demander aucun compte que celui qui sera par elle arrêté, auquel ils seront tenus de se rapporter ; et, au cas qu'aucun desdits directeurs vînt à disposer de plus de ladite moitié, en sorte qu'il lui restât moins de 50,000 livres d'intérêt dans la Compagnie, il sera déchu de la direction, et ne pourra estre que simple actionnaire pour ce qui lui restera de fonds.

ART. XIV. — La Compagnie sera obligée de peupler ladite colonie au moins de 1,500 blancs tirés d'Europe, et de 2,500 noirs dans l'espace de cinq ans; et, après l'expiration desdites cinq années, elle sera obligée d'y passer 100 blancs d'Europe au moins et 200 noirs par chacun an, pour son entretien et augmentation, auquel effet nous avons accordé à ladite Compagnie la permission de faire la levée desdits blancs, de gré à gré, et de traiter pour les nègres avec des sujets des princes étrangers, jusqu'à la concurrence dudit nombre de 2,500.

ART. XV. — Ladite Compagnie sera obligée d'avoir dans deux ans, et entretenir ensuite, soit en paix ou en guerre, le nombre de six navires au moins, outre et pardessus ceux que nous lui donnons, et lui sera permis de construire dans sa colonie tels bâtimens et vaisseaux qu'elle jugera à propos.

ART. XVI. — Pour lui donner lieu de faciliter les establissements et de faire un plus grand commerce, nous lui avons fait don de deux flûtes, deux brûlots et deux corvettes pontées qui se trouveront dans nos ports,

lesquels nous ferons gréer, armer et mettre en estat de
naviguer à nos frais, à la charge qu'elle fera la dépense
de la levée et solde des officiers et équipages, et l'avitaillement.

ART. XVII. — Voulons qu'en cas que par nos ordres
les ports fussent fermés, avec défenses à tous négocians
d'armer des vaisseaux, ladite Compagnie puisse néanmoins armer les six qui lui appartiendront.

ART. XVIII. — Elle pourra aussi armer et équiper en
guerre autant de vaisseaux qu'elle jugera nécessaire pour
l'augmentation et sûreté de son commerce, sur lesquels
elle pourra mettre tel nombre de canons que bon lui
semblera, et arborer le pavillon blanc sur l'arrière du
beaupré, et non sur aucun des autres mâts.

ART. XIX. — Ladite Compagnie mettra sur ses vaisseaux tels capitaines, officiers, soldats et matelots, qu'elle
trouvera à propos; elle pourra aussi faire fondre des
canons à nos armes au-dessous desquelles elle mettra
celles que nous lui accorderons cy après, lui permettant de faire de la poudre dans les lieux de sa concession,
fondre boulets et forger toute sorte d'armes.

ART. XX. — Toutes les matières d'or et d'argent, et
les pierres et pierreries venant de ladite Compagnie ne
seront sujettes à aucuns droits.

ART. XXIII. — Nous avons donné et donnons pouvoir
à ladite Compagnie d'establir des juges et officiers dans

14.

les pays qu'elle occupera, et de destituer, quand bon lui
semblera, ceux qui n'auront pas esté par elle pourvus
à titre onéreux ou pour récompense de services.

Art. XX. — Les juges establis par ladite Compagnie
connoîtront de toutes les affaires de justice, police, commerce et navigation, tant civiles que criminelles, et les
jugements qui auront esté par eux rendus, seront scé-
lés du sceau de la Compagnie; et, au cas que nous ju-
gions à propos d'y establir des conseils souverains, les
officiers dont ils seront composés nous seront par elle
nommés, et sur ses nominations nous leur ferons expédier des provisions.

Art. XXIII. — Nos édits, ordonnances et les coutumes
et usages de la Prévôté et Vicomté de Paris seront observés pour loix et coutume dans ladite colonie; permettons néanmoins à ladite Compagnie de faire tels statuts
et règlements que bon lui semblera pour la conduite,
police et régie de son commerce, tant en Europe que
dans les pays de sa concession, et partout où besoin
sera, que nous voulons estre exécutés, après néanmoins
avoir esté par nous approuvés.

Art. XXIV. — Nous promettons à ladite Compagnie
de la protéger et défendre, et d'employer la force de nos
armes, s'il est besoin, pour la maintenir dans la liberté
entière de son commerce et navigation, et de lui faire
faire raison de toutes injures et mauvais traitements
en cas qu'aucune nation voulût entreprendre contre elle.

ART. XXV. — Si aucun des directeurs, capitaines de vaisseau, officiers, commis ou employés actuellement, occupés aux affaires de ladite Compagnie, estoient pris par les sujets des princes et Estats avec lesquels nous pourrions estre en guerre, nous permettons de les faire retirer ou échanger.

ART. XXVI. — Les gentilshommes, officiers et autres de quelque qualité et condition qu'ils soient, pourront prendre intérêt dans ladite Compagnie, soit comme directeurs ou administrateurs, sans pour ce déroger à leur noblesse et privilèges.

ART. XXVII. — Et d'autant que le bon succès des affaires de la Compagnie dépendra particulièrement de la conduite et vigilance des directeurs, nous donnerons à ceux qui se seront bien acquittés de leurs fonctions des marques d'honneur qui passeront jusqu'à leur postérité.

ART. XXVIII. — Ceux de nos sujets qui passeront dans les pays concédés à la Compagnie, conserveront tous leurs droits, comme s'ils demeuroient dans nostre royaume, et ceux qui naîstront d'eux et des gens du pays avec lesquels ils contracteront mariage, seront censés et réputés regnicoles et naturels françois, pourvu toutefois qu'ils fassent profession de la religion catholique, apostolique et romaine; et comme tels capables de toutes successions, dons, legs et autres dispositions, sans estre obligés d'obtenir aucunes lettres de naturalité.

Art. XXIX. — Les effets de ladite Compagnie ne pourront estre saisis par les créanciers d'aucuns des directeurs et actionnaires, pour raison de leurs dettes particulières, en vertu des sentences et arrêts ; déclarant nul ce qui pourroit estre fait au préjudice de la présente disposition, et ne seront tenus les directeurs de faire voir l'estat desdits effets, et rendre aucuns comptes aux créanciers des intéressés et actionnaires, sauf auxdits créanciers de faire saisir et arrêter entre les mains du caissier général de ladite Compagnie ce qui pourra revenir auxdits intéressés par les comptes qui seront arrêtés par la Compagnie, dont il leur sera fourni des extraits, et auxquels ils seront tenus de se rapporter.

Art. XXX. — Ne pourront aussi les gages et appointements des caissiers et employés de la Compagnie estre saisis pour quelque cause que ce soit, autre que pour malversation en leurs charges.

Art. XXXI. — Ne sera par nous accordé aucunes lettres d'Estat, répy ni surséance à ceux qui auront acheté des effets de ladite Compagnie, lesquels seront contrains au paiement de ce qu'ils devront par les voies et ainsi qu'ils y seront obligés.

Art. XXXII. — Ladite Compagnie jouira de l'exemption des droits d'octrois que nous avons accordés aux villes de notre royaume pour toutes les denrée, marchandises et munitions de guerre et de bouche dont elle aura besoin, soit pour la construction, radoub, équipement et avitaillement de ses vaisseaux, soit pour les transporter dans les pays de sa concession, à la charge que ses commis et préposés donneront aux receveurs et fermiers desdits droits des certificats visés de deux directeurs comme les denrées, marchandises, munitions de guerre et de bouche sont destinées pour le compte de ladite Compagnie. Défendons aux maires, échevins, jurats, consuls, syndics et habitans des villes, à leurs fermiers et receveurs, d'exiger aucuns droits pour raison de ce que dessus, à peine de restitution, et de tous dépens, dommages et intérêts.

Aʀт. XXXIII. — Les denrées, marchandises, munitions de guerre et de bouche que la Compagnie fera venir tant des pays estrangers que des provinces de nostre royaume, pour la construction, radoub, équipement de ses vaisseaux, seront exceptées de tous droits d'entrée et de sortie; à la charge que ladite Compagnie prendra nos permissions particulières pour celles qu'elle voudra faire entrer dans des pays étrangers, et qu'elles seront employées suivant leur destination; et, quant aux denrées et marchandises que la Compagnie aura destinées pour les lieux de sa concession, elles seront exemptes de tous droits de sortie mis et à mettre, encore que les exempts et privilégiés y fussent assujettis, soit qu'elles sortent par le bureau d'Ingrande ou par quelque autre que ce soit; à la charge que ses directeurs, commis ou préposés donneront leur soumission de rapporter dans six mois, à compter du jour d'icelle, certificat de leur décharge dans les pays de sa

concession, à peine, en cas de contravention, de payer
le quadruple des droits.

Art. XXXIV. — Les denrées et marchandises que
ladite Compagnie fera apporter des pays de sa concession, et pour son compte, dans les ports du royaume
pour estre ensuite transportés dans les pays estrangers
ne payeront aucuns droits d'entrée ni de sortie, et seront
mises en dépôt dans les magasins des douanes des ports
où elles arriveront, jusqu'à ce qu'elles soient enlevées ;
et, lorsque les commis ou préposés de ladite Compagnie
voudront les faire transporter dans les pays estrangers,
soit par mer ou par terre, ils seront tenus de prendre
des acquits à caution, portant soumission de rapporter
dans un certain temps un certificat du dernier bureau
de sortie qu'elles y ont passé, et un autre de leur décharge dans les pays estrangers.

Art. XXXV. — En cas que ladite Compagnie soit
obligée pour le bien de son commerce de tirer des pays
estrangers quelques denrées et marchandises autres que
celles du cru et fabrique du royaume, pour les transporter dans les pays de sa concession, elle nous en
remettra des estats sur lesquels nous leur ferons, si nous
le jugeons à propos, expédier nos permissions particulières avec franchise de tous droits d'entrée et de sortie ;
à la charge que lesdites denrées et marchandises seront
mises en entrepôt dans les magasins de nos douanes,
jusqu'à ce qu'elles soient chargées sur les vaisseaux de
la Compagnie, et que trois directeurs seront tenus de

donner leur soumission de rapporter dans six mois, à compter du jour d'icelle, certificat de leur décharge dans les pays de sa concession, à peine en cas de contravention de payer le quadruple des droits.

ART. XXXVI. — Ne pourra ladite Compagnie faire aucun chargement de marchandises dans les ports estrangers pour les porter directement dans les lieux de sa concession, à peine de confiscation et de déchéance du présent privilège.

ART. XXXVII. — Portera ladite Compagnie, pour armoiries, un escu en cartouche, d'azur, à deux vaisseaux équipés d'or, allant vent arrière sur une mer de sinople, un soleil d'or en nef, accoté de deux fleurs de lys de même, pour suports un Amériquain ou naturel à droite et un nègre à gauche, appuyés chacun sur une massue d'azur, semée de fleurs de lys d'or, l'escu couronné d'une couronne de pannaches d'azur, d'or, de sinople d'argent et de gueule, du milieu de laquelle sort en cimier une fleur de lys d'or.

Donné à Versailles au mois de septembre, l'an de grâce mil six cent quatre-vingt-dix-huit.

— Pour clore nos citations de chartes, on nous permettra de reproduire simplement quelques-uns des articles des statuts de la fameuse Compagnie d'Occident de 1717, qui devait, peu après, changer de nom pour devenir cette Compagnie des Indes, illustrée par les spéculations et le désastre de Law. La concession d'abord de vingt-cinq années, fut ensuite portée à cinquante. On verra, par ces articles dont les principes avaient été posés par Louis XIII, que la politique coloniale dont nous nous occupons dans ce volume a bien été celle de l'ancien régime.

Statuts de la Compagnie d'Occident (1717).

ART. II. — Accordons à ladite Compagnie le droit de faire seule pendant l'espace de 25 années, à commencer du jour de l'enregistrement des présentes, le commerce dans notre province et gouvernement de la Louisiane, et le privilège de recevoir à l'exclusion de tous autres, dans notre colonie du Canada, à commencer du 1er janvier 1718 jusques et y compris le dernier décembre 1742, tous les cotons gros et fins que les habitants de ladite colonie auront traités.

ART. V. — Pour donner moyen à ladite Compagnie d'Occident de faire un establissement solide, et la mettre en estat d'exécuter toutes les entreprises qu'elle pourra former, nous lui avons donné, octroyé et concédé, donnons, octroyons et concédons par ces présentes à perpétuité toutes les terres, costes, ports, havres et isles que comprend notre province de la Louisiane, pour en jouir en toute propriété, seigneurie et justice, ne nous réservant autres droits et devoirs que la seule foy et hommage lige, que ladite Compagnie sera tenue de nous rendre et à nos successeurs rois, à chaque mutation de roy, avec une couronne d'or du poids de 30 marcs.

ART. VI. — Pourra ladite Compagnie dans ledit pays de sa concession, traiter et faire alliance en nostre nom avec toutes les nations du pays, autres que celles dépendantes des autres puissances de l'Europe, et convenir avec elles des conditions qu'elle jugera à propos pour s'y establir et faire son commerce de gré à gré, et, en cas d'insulte, elle pourra leur déclarer la guerre, les attaquer ou se défendre par la voye des armes, et traiter de paix et de trève avec elles.

ART. VIII. — Pourra ladite Compagnie vendre et aliéner les terres de sa concession à tels cens et rentes qu'elle jugera à propos, mesme les accorder en franc-alleu, sans justice ni seigneurie.

ART. XXIII. — Voulons que ceux de nos sujets qui passeront dans les pays concédés à ladite Compagnie jouissent des mesmes libertés et franchises que s'ils estoient demeurant dans nostre royaume, et que ceux qui y naistront des habitants françois dudit pays et mesmes des estrangers européens faisant profession de la religion catholique, apostolique et romaine qui pourront s'y establir, soient censés et réputés regnicoles, et, comme tels, capables de toutes successions, dons, legs et autres dispositions, sans estre obligés d'obtenir aucune lettre de naturalité.

15

ART. XXIV — Et, pour favoriser ceux de nos sujets qui s'establiront dans lesdits pays, nous les avons déclarés et déclarons exempts, tant que durera le privilège de la Compagnie, de tous droits, subsides et impositions telles qu'elles puissent estre, tant sur les personnes et esclaves que sur les marchandises.

ART. XXXV. — Pourront tous les estrangers acquérir tel nombre d'actions de ladite Compagnie qu'ils jugeront à propos, quand mesme ils ne seroient pas résidans dans nostre royaume, et nous avons déclaré et déclarons les actions appartenantes auxdits estrangers non sujettes au droit d'aubaine, ni à aucune confiscation pour cause de guerre ou autrement, voulant qu'ils jouissent desdites actions comme nos sujets.

ART. LII. — Si, après que les 25 années de privilège que nous accordons à ladite Compagnie d'Occident seront expirés, nous ne jugeons pas à propos de lui en accorder la continuation, toutes les isles et terres qu'elle aura habitées ou fait habiter, avec les droits utiles, cens et rentes qui seront dûs par les habitans, lui demeureront à perpétuité en toute propriété, pour en faire et disposer ainsi que bon lui semblera, comme de son propre héritage, sans que nous puissions retirer lesdites terres ou isles, pour quelque cause, occasion ou prétexte que ce soit, à quoy nous avons renoncé dès à présent, à condition que ladite Compagnie ne pourra vendre lesdites terres à d'autres qu'à nos sujets; et, à l'égard des forts, armes et munitions, ils nous seront remis par ladite Compagnie, à laquelle nous en payerons la valeur, suivant la juste estimation qui en sera faite.

ART. LVI. — Comme nostre intention n'est point que la protection particulière que nous accordons à ladite Compagnie, puisse porter aucun préjudice à nos autres colonies, que nous voulons également favoriser; deffendons à ladite Compagnie de prendre ou recevoir, sous quelque prétexte que ce soit, aucun habitant establi dans nos colonies pour les transporter à la Louisiane, sans en avoir obtenu la permission par écrit de nos gouverneurs généraux auxdites colonies, visée des intendants ou commissaires ordonnateurs.

V

Première charte de concession de l'île Saint-Christophe et autres (1626). — Elle est la première charte octroyée par Louis XIII. — La concession fut accordée à ses titulaires pour avoir découvert ces îles. — Caractère particulier de cette charte, qui se distingue dans ses dispositions de toutes celles qui furent accordées après elle.

L'intérêt historique de cette charte ne réside pas exclusivement dans son préambule, où l'on a la preuve que, Esnambuc et du Rossey étant partis à la découverte de terres nouvelles « sous des congez du Roy », l'île Saint-Christophe et autres du voisinage leur fut concédée en raison de ce qu'ils en avaient pris les premiers possession.

Il se trouve principalement pour nous dans ce fait, que cette charte est, à notre connaissance, la

première en date qui ait été octroyée par Louis XIII.
Elle est du mois. d'octobre 1626.

Quand on confère ses dispositions avec celles de
la charte de la Nouvelle France de 1628, repro-
duite plus haut, on mesure d'un seul coup les progrès considérables qu'avaient faits, durant ces deux
années, Louis XIII et Richelieu dans la conception
des moyens les plus propres à favoriser la colonisation.

C'est en vain effectivement qu'on chercherait
dans cette charte tout ce qui fut édicté plus tard
dans les chartes subséquentes. Aussi, comme nous
l'avons dit, est-ce probablement en vue de faire
bénéficier ceux à qui elle avait été accordée des
avantages que portaient ces dernières, que Richelieu
et Louis XIII jugèrent bon de la remanier en 1635
(voir p. 196 et suivantes).

Charte de concession de l'île Saint-Christophe et autres îles voisines.

ARMAND-JEAN DUPLESSIS DE RICHELIEU, cardinal, conseiller du Roy en ses Conseils, chef, grand maistre et surintendant du commerce de France, etc., savoir faisons que,
les sieurs d'Esnambuc et du Rossey, capitaines entretenus

de la marine du Ponant, nous ayant fait entendre que,
depuis cinque ans, sous les congez du Roy et admiral de
France, ils auroient fait de grandes dépenses d'équipages
et armures de navires et vaisseaux pour la recherche de
quelques terres fertiles et en bon climat, capables d'estre
possédées et habitées par les François; et ont fait telle di-
ligence que, depuis quelques tems, ils ont découvert les
isles Saint-Christophe et de la Barbade, l'une de 35 et
l'autre de 45 lieues de tour, et autres isles voisines toutes
scituées à l'entrée du Pérou, depuis l'onzième jusqu'au
18ᵉ degré du nord de la ligne équinoxiale, faisant partie
des Indes Occidentales, qui ne sont possédées par aucun
Roy ni Prince chrétien, auxquelles ayant pris terre et
séjourné l'espace d'un an pour en avoir plus parfaite et
particulière connoissance, ils ont veu et reconneu par
effet l'air y estre très doux et tempéré, et lesdites terres
fertiles et de grand rapport, desquelles il se peut tirer
quantité de commodités utiles pour l'entretien de la vie
des hommes; mesme ont advis des Indiens qui habitent
lesdites isles, qu'il y a des mines d'or et d'argent en icelles,
ce qui auroit donné subjet de faire habiter lesdites isles
par quantité de François pour instruire les habitans en
icelles en la Religion Catholique, Apostolique et Romaine,
et y planter la Foy chrétienne à la gloire de Dieu et
l'honneur du Roy, sous l'autorité et puissance duquel ils
désireroient lesdits habitans vivre et conserver lesdites
isles en l'obéissance de Sa Majesté;

Pour cet effet, en attendant qu'il plust à Sa Majesté en
ordonner, lesdits sieurs d'Esnambuc et du Rossey auroient
fait construire et bastir deux forts et havres en l'isle

Saint-Christophe, et laisser 80 hommes avec un chapelain pour célébrer le service divin, et leur administrer les sacremens, des canons et autres munitions de guerre pour leur défense et conservation, tant contre les habitans indiens desdites isles, que tous autres qui voudroient entreprendre sur eux pour les chasser d'icelles; et promis qu'ils y retourneroient promptement pour y conduire le secours et les choses dont ils auroient besoin, ou pour les retirer selon le bon plaisir de Sa Majesté; nous requérant qu'il nous plust sur ce les pourvoir, attendu la charge de chef et surintendant du commerce dont il a pleu à Sa Majesté nous honorer;

Pour ce est-il que nous désirant l'augmentation de la Religion et Foy Catholique, et l'establissement du négoce et commerce autant que faire se pourra; et attendu que lesdites isles sont au delà des Amitiés, nous avons donné et donnons congé auxdits d'Esnambuc et du Rossey d'aller peupler privativement à tous autres, lesdites isles Saint-Christophe et de la Barbade, et autres circonvoisines; icelles fortifier, y mener et conduire nombre de prêtres et de religieux pour instruire les Indiens et habitans d'icelles et tous autres en la Religion Catholique, Apostolique et Romaine; y célébrer le service divin, et administrer les sacremens, y faire cultiver les terres, et faire travailler à toute sorte de mines et métaux, moyennant les droits de dixième de tout ce qui proviendra et se retirera d'icelles, qu'ils seront tenus rendre au Roy franc et quitte, et dont ils rapporteront bons certificats, le tout pendant le tems et espace de vingt années; et à la charge de tenir lesdites isles sous l'autorité et puissance du Roy, et réduire les habitans en l'obéissance de Sa Majesté ;

Pour cet effet, tenir en estat et apprest de défense tel nombre de vaisseaux, navires et pataches que besoin sera ; les armer et équipper d'hommes, canons, vivres et munitions requises et nécessaires pour faire les dits voyages ; et se pourvoir contre tous dangers, efforts et incursions des pirates qui infestent la mer et deprèdent les navires marchands, ausquels, en quelque lieu qu'ils se rencontreront, ils pourront faire la guerre, ensemble à tous ceux qui empescheront le trafic et la liberté du commerce aux navires marchands françois et alliés : feront leurs efforts et diligences de les combattre, poursuivre, aborder et attaquer, vaincre, saisir et prendre par toutes voies d'armes et d'hostilité; lesquels vaisseaux partiront du Havre de Grâce et port Saint-Louis en Bretagne, où ils seront tenus faire leur déclaration du nombre de vaisseaux qu'ils mettent en mer pour les dits voyages, et de tout ce qui sera dedans ; et garder et faire garder par ceux de leur équipage durant leur voyage les ordonnances de la marine, et de faire leur retour avec leurs navires au dit Havre de Grâce ; et rapporteront ce qu'ils auront pris et recouvré sur les pirates et gens sans aveu, et sur ceux qui empeschent aux marchands françois et alliés la navigation du côté du sud au delà du tropique du Cancer, et premier méridien des Assores du côté de l'ouest ; et, avant le déchargement des navires qu'ils auront amenés, ils nous feront rapport de tout ce qui se sera fait et passé pour sur ce en ordonner ce que nous jugerons utile et nécessaire au service du Roy et à l'advantage de ses subjets et de la chose publique;

Si prions les Roys et Princes, Potentats, Seigneurs et Républiques, leurs lieutenans généraux, amiraux, vice-amiraux, gouverneurs de leurs provinces, chefs et conducteurs des gens de guerre, tant par mer que par terre, capitaines, gardes des ports et havres, vaisseaux, costes et passages maritimes, et autres leurs officiers et subjets : mandons et ordonnons aux intendans, lieutenans généraux et particuliers des sièges de l'admirauté, et autres capitaines et gardes costes, commissaires et autres officiers de la marine sous nostre pouvoir, et en l'estendue de nostre charge et juridiction, laisser librement passer, aller, venir, descendre et séjourner les dits d'Esnambuc et du Rossey, avec leurs vaisseaux, navires et pataches, leurs hommes, armes, munitions, vivres et marchandises, et tout ce qu'ils auront pu gagner ou conquérir sur les pirates, corsaires et ennemis du public et de la France, avec leurs prisonniers, s'il y en a, sans leur estre fait empeschement, ny souffrir leur estre fait, mis et donné, ny à ceux de leur équipage, aucun trouble, ennui, destourbiers, ni empeschement, avec toute faveur, retraite et assistance; comme aussy nous mandons et enjoignons aux lieutenans, gens de commandement, et tous soldats et matelots qui voudront aller au dit voyage, sous la charge des dits sieurs d'Esnambuc et du Rossey, de leur prester et rendre tout respect et obéissance, comme à leurs chefs et capitaines, sous les peines portées par les ordonnances; et que nul ne soit receu pour aller à ladite entreprise.

15.

qu'il ne s'oblige par devant les dits lieutenans de l'amirauté, ou autres juges en leur absence, des lieux où se feront les dits embarquemens de demeurer trois ans avec eux, ou ceux qui auront charge et pouvoir d'eux pour servir sous leur commandement; le tout en vertu des présentes.

Donné à Paris, le trente-unième jour d'octobre 1626.

Signé : Armand, cardinal de Richelieu.

V

INSTITUTION DES ENGAGÉS

Détails relatifs à la question des engagés. — Arrêt du roi rédui-
sant de 36 mois à 18 le temps de l'engagement aux colonies.
— Cas où les planteurs devaient avoir autant d'engagés que
de nègres. — Preuve que les engagés se recrutaient surtout
parmi les éléments énergiques de la société. — Surveillance
exercée sur les planteurs en faveur de leurs engagés. — Règlement détaillé de 1716 touchant les armateurs astreints à
embarquer des engagés. — Peines infligées aux engagés qui
refusaient de s'embarquer malgré leur contrat.

Dans l'exposé que nous avons fait des encouragements imaginés par l'ancien régime pour le développement de la colonisation, la question des
engagés est d'une telle importance, qu'il nous a
paru nécessaire de réunir ici un certain nombre de
documents qui la concernent.

— Voici d'abord l'arrêt du Conseil d'État en date du
28 février 1670 par lequel Louis XIV chercha à ra-

mener de 36 mois à 18 la durée de l'engagement
des personnes qui se faisaient gratuitement transporter aux colonies

Cet arrêt est surtout intéressant par le résumé
qu'il donne de la question :

Le Roi ayant esté informé que plusieurs de ses sujets
auroient perdu les pensées qu'ils avoient eues de passer
aux isles et terre ferme de l'Amérique, pour y augmenter les colonies françoises qui y sont establies, par
la juste appréhension qu'ils ont eue d'estre à leur arrivée engagés pour trois années au service et sous le
pouvoir de gens qui leur sont inconnus et de qui ils
pourroient craindre de ne pas recevoir un aussi bon
traitement qu'il seroit à désirer ; et, considérant que
cette Coutume d'engagement pour trois ans qui a passé
pour Loi dans ces Pays pouvoit estre tolérée en un
temps où le peu de gens qui y passoient sembloit obliger d'y retenir plus longtemps ceux qui y estoient une
fois arrivés ; au lieu que l'habitude que l'on s'est faite
depuis quelque temps en France de ces voyages faisant
naître l'envie à plusieurs personnes de les entreprendre,
l'appréhension de cette espèce de servitude pourroit
estre plus nuisible à l'augmentation des colonies que
la continuation de ces engagemens ne leur apporteroit
d'utilité ; et Sa Majesté, désirant contribuer par ses as-
sistances et sa protection à rendre le séjour de ces nouvelles colonies agréable et convenable à ceux de ses su-

jets qui voudront y aller s'y establir, et empêcher qu'à
l'avenir leur crédulité surprise par les artifices des marchands, capitaines de navires et autres, ne donne lieu
à la continuation des plaintes qu'aucuns d'eux ont faites
et font de la dure condition d'un si long engagement
dont souvent on ne leur dit rien avant leur départ de
France;

Le roi, estant en son conseil, a aboli et abrogé la Coutume introduite dans toutes les terres de son obéissance
des Indes Occidentales et qui y tient lieu de Loi, que
toute personne qui a esté passée audit pays aux frais et
dépens d'autrui est sujette à l'engagement de trois ans
pour le paiement de son passage, désirant qu'elle n'ait
plus lieu que pour le temps de 18 mois; lequel expiré,
Sa Majesté déclare tous ceux de cette condition libres
et en pouvoir et faculté de choisir les maistres tels que
bon leur semblera, ou de vaquer à la culture des terres,
et prendre des habitations, ou s'attacher à telle autre
vacation qui leur paroîtra la plus convenable, sans
qu'aucun d'eux puisse estre obligé à aucun service et
séjour en la maison où il aura esté engagé, ledit temps
expiré : n'entendant néanmoins Sa Majesté estendre ce
présent règlement sur les artisans et gens de métiers
qui auront passé des contrats en France sous de gros
gages, et reçu des avances considérables, lesquels seront
tenus de satisfaire à la teneur de leurs contrats et de
rendre le service qu'ils auront promis par iceux, si
même ils n'aiment rembourser ceux, avec lesquels ils
auront contracté, des avances et nourriture qu'ils auront
reçus d'eux, et des frais qui auront été faits à leur oc-

casion, et de leur passage, en quoi les Juges des lieux suivront la loi ordinaire des contrats sans y déroger aucunement en vertu du présent arrêt;

Ordonne Sa Majesté au Lieutenant général, estant pour son service ès dits Pays Gouverneur, et ses lieutenans, tant ès isles que terre ferme de l'Amérique, de tenir la main à l'exécution du présent Arrêt; comme aussi que ceux qui se trouveront engagés pour le temps des 18 mois, soient bien traités par leurs maistres, qu'il leur soit fourni par eux une bonne et suffisante nourriture, et qu'ils soient bien assistés pendant les maladies qui leur pourroient survenir pendant le temps de leur engagement. Fait au conseil d'État du Roi, etc.

Signé : COLBERT.

On a vu que cet arrêt avait été rapporté par un autre en date du 31 octobre 1672.

Quand nous avons dit précédemment que le roi avait exigé que, dans les colonies, il y eût au moins un engagé pour vingt nègres, sans compter le commandant, nous avons parlé en considérant ce qui existait d'ordinaire.

Mais il y eut des moments et des localités où, dans le désir de précipiter la colonisation, on adopta sur ce point des mesures exceptionnelles. On en a comme exemple l'ordonnance suivante du 30 septembre 1686, laquelle spécifiait que les planteurs de la côte de Saint-Domingue devraient avoir un nombre d'engagés égal à celui des nègres qu'ils occupaient :

Sa Majesté étant informée, dit en effet cette ordonnance, que ce qui a le plus contribué à l'augmentation de la colonie de la côte de Saint-Domingue est le grand nombre d'Engagés qui y ont passé, dont plusieurs se sont rendus habitans dans la suite du temps et y ont fait même des habitations considérables; et étant important non seulement de continuer, mais même d'augmenter ces sortes d'envois, Sa Majesté a ordonné et ordonne, veut et entend, qu'à commencer du 1er de mai 1687, tous les habitants de ladite côte, de quelque qualité et conditions qu'ils soient, soient tenus d'avoir un nombre d'Engagés pareil à celui des nègres qu'ils entretiendront pour faire valoir leurs habitations; voulant que, ledit temps passé, les nègres que lesdits habitans auront au delà du nombre d'Engagés, demeurent acquis et confisqués à Sa Majesté, laquelle enjoint au sieur de Cussy, gouverneur de ladite côte, de tenir la main à l'exécution de la présente ordonnance, qui sera lue, publiée et affichée où besoin sera, afin que personne n'en ignore. Fait, etc.

En 1706, au moment où la France était en pleine guerre, Louis XIV fut contraint de suspendre l'effet des ordonnances qui obligeaient les capitaines de navires allant aux Indes d'embarquer avec eux des engagés. La raison qu'il en donna indirectement dans l'ordonnance qui fut rendue à cette occasion, est que les individus qui, en temps normal, se rendaient aux colonies, s'enrôlaient alors dans les armées, et qu'il ne s'en présentait plus pour les embarquements.

Cette simple indication montre que, sous l'ancien régime, le personnel des engagés se recrutait parmi les éléments les plus énergiques du pays. Mais une autre réflexion est suggérée par la somme de 60 livres que, d'après la même ordonnance, tout armateur devait verser par chaque engagé qu'il n'emmenait pas. Lorsqu'on tient compte, en effet, de la valeur de l'argent à l'époque, en regard des dépenses nécessitées pour chaque engagé avant l'embarquement et après, on est porté à juger que trois années de travail ne devaient pas être trop, vu qu'il y avait pendant le même temps à faire face aux frais de nourriture, d'entretien et de maladie.

Car il est connu de tout le monde que les individus qui *entraient* alors *en service* étaient relativement très peu payés. Aussi, comme cette somme de 60 livres n'était pas une amende, doit-on la regarder comme représentant le minimum des dépenses occasionnées par le transport d'un engagé.

Ce détail, dans l'espèce, est assez important pour que nous reproduisions le texte de cette ordonnance :

Sa Majesté ayant, par ordonnance du 19 février 1698, obligé les négocians qui envoient des vaisseaux à l'Amérique, d'y embarquer un certain nombre d'engagés en proportion de la force de leurs bâtiments, non seulement par le besoin que les habitants des colonies en ont, mais encore parce que, en s'établissant, ils les fortifient et augmentent; elle aurait été informée que la levée de ces engagés est devenue très difficile et peu possible, par les recrues qui se font pour les armées, et que, quelques soins que les négocians se donnent, ils ne pourront remplir les conditions de leurs passeports ni cette ordonnance, si elle ne veut bien entrer dans quelque tempérament qui les mette en état d'y suppléer, au moins pendant la conjoncture de la guerre ; sur quoi, voulant pourvoir, Sa Majesté a ordonné et ordonne, veut et entend que l'ordonnance du 19 février 1698 et la clause des passeports qui s'expédient pour les bâtiments destinés pour l'Amérique, concernant les engagés, soit exécutée selon sa forme et teneur, et cependant que, pendant le temps de la guerre seulement, il sera permis aux négocians qui n'auront pu en trouver, de remettre soixante livres, pour chacun de ceux qu'ils seroient obligés d'avoir, au caissier du trésorier de la Marine, moyennant quoi et sur la quittance dudit caissier, ils seront dégagés de ladite condition et de la peine encou-

rue pour la contravention de ladite ordonnance.
qui ne subsistera que jusqu'à la paix, auquel temps
l'envoi desdits engagés redeviendra absolument nécessaire et sans qu'il y puisse être suppléé.

A titre d'exemple de la surveillance méticuleuse
à laquelle les planteurs étaient en butte à propos des
durs traitements qu'ils auraient pu infliger à leurs
engagés, nous donnerons le règlement de police suivant, édicté à ce sujet (27 janvier 1700) par l'intendant général ou représentant du roi dans les
îles de l'Amérique :

François-Roger Robert, etc.

Étant informé qu'il se glisse plusieurs abus dans les
isles à l'occasion des engagés, lesquels pourroient être
très préjudiciables aux avantages que les colonies doivent ressentir du nombre de ces engagés qui sont
amenés par tous les vaisseaux marchands suivant les
ordres du roi, s'il n'étoit pas pourvu à en arrêter le
cours ; nous avons estimé nécessaire, pour faire cesser
ceux qui nous sont connus, d'y pourvoir de la meilleure manière qu'il a été possible; et, comme un des
premiers soins, à l'égard desdits engagés est de tenir
la main à ce qu'ils soient nourris, pansés et médica-
mentés dans les maladies qui leur arrivent, nous ordonnons à tous les habitans qui ont ou qui auront des

engagés à leur service, de leur faire fournir au moins
à chacun d'eux par semaine quatre pots de farine de
manioc, ou de la cassave à l'équivalent, et cinq livres
de bœuf salé, et de leur faire fournir les hardes nécessaires pour les vêtir suivant l'usage du pays ;

Ordonnons, en outre, que lesdits habitans seront tenus
de garder leurs engagés pendant tout le temps de leur
engagement, sans pouvoir les renvoyer plutôt, à moins
que ce ne soit en leur donnant un moyen sûr de
gagner leur vie dans le pays au sortir de chez eux ;

Faisons expresses inhibitions et défenses aux dits habitans de renvoyer leurs engagés lorsqu'ils sont malades,
et leur enjoignons de les faire traiter et médicamenter
jusqu'à parfaite guérison, sous peine aux contrevenans
de payer quinze sols par jour pour la dépense de chaque
engagé à l'hôpital où ils seront reçus ; de trente livres
tournois d'amende, applicable aussi à l'hôpital, et de
plus grandes sommes en cas de récidive.

Au surplus, voulant aussi mettre ordre à la liberté
que prennent plusieurs engagés de déserter la maison
de leurs maîtres et d'aller servir d'autres habitans qui
ont la facilité de les recevoir sans avoir égard au tort
qu'ils font à leurs maîtres, nous faisons très expresse
défense à tous habitans des isles de retirer et garder
de ces engagés déserteurs et fugitifs, sous peine de dix
livres tournois d'amende par chaque jour pour la reten-
tion de l'un desdits engagés, ladite amende applicable
au maître de l'engagé et ce conformément à ce qui est
ordonné par le Règlement du roi de 1685 à l'égard des
esclaves fugitifs. Mandons, etc.

L'obligation à laquelle étaient astreints les navires marchands qui allaient aux Indes d'emmener des engagés, subsista jusqu'en 1774.

Nous devons faire observer que, depuis Louis XIII, les conditions qui avaient été imposées sur ce point aux armateurs subirent, à différentes reprises, un certain nombre de modifications, dont l'objet avait été de perfectionner sans cesse l'institution.

Si nos lecteurs veulent savoir en quoi consistaient ces conditions le 16 novembre 1716, ils n'auront qu'à lire le règlement qui fut promulgué à cette époque.

Ils verront qu'il allait jusqu'à spécifier la taille l'âge et les capacités de travail des hommes que les navires devaient embarquer comme engagés. Voici d'ailleurs ce règlement :

ART. I. — Tous les capitaines des bâtiments marchands qui iront aux colonies des îles françoises de l'Amérique et de la Nouvelle France ou Canada, excepté ceux qui iront à la traite des nègres, seront tenus d'y porter des engagés : savoir dans les bâtiments de 60 tonneaux et au-dessous trois engagés ; dans ceux de 60 tonneaux jusqu'à 100, quatre engagés ; et dans ceux de 100 tonneaux et au-dessus six engagés.

Art. II. — La condition de porter lesdits engagés
sera insérée dans les congés de l'Amiral, qui seront délivrés pour la navigation desdits navires.

Art. III. — Lesdits engagés auront au moins 18 ans,
et ne pourront être plus âgés de 40 ; ils seront de la
grandeur au moins de 4 pieds, et en état de travailler ;
et le terme de leur engagement sera de trois ans.

Art. IV. — La reconnaissance en sera faite par les
officiers de l'Amirauté des ports où les bâtiments seront
expédiés, lesquels rejetteront ceux qui ne seront pas de
l'âge et de la qualité mentionnés dans le précédent
article ou qui ne leur paraîtront pas de bonne complexion.

Art. V. — Le signalement desdits engagés sera men-
tionné dans le rôle d'équipage.

Art. VI. — Les engagés qui sauront les métiers de
maçon, tailleur de pierre, forgeron, serrurier, menui-
sier, tonnelier, charpentier, calfat, et autres métiers qui
peuvent être utiles dans les colonies, seront passés pour
deux, et il sera fait mention du métier qu'ils sauront
dans leur signalement.

Art. VII. — Les capitaines desdits bâtiments abordant
dans les colonies seront tenus de présenter aux gouverneurs et intendans, ou commissaires ordonnateurs, lesdits
engagés, avec le rôle de leur signalement, pour vérifier
si ce sont les mêmes qui auront dû être embarqués, et
s'ils sont de la qualité prescrite.

ART. VIII. — Ils conviendront du prix avec les habitans pour lesdits engagés, et, en cas que lesdits capitaines ne puissent pas en convenir, les gouverneurs et
intendans, ou commissaires ordonnateurs, obligeront les
habitans qui n'en auront pas le nombre prescrit par les
ordonnances de s'en charger, et ils en régleront le prix.

ART. IX. — Lesdits capitaines seront tenus de prendre
un certificat desdits gouverneurs, visé de l'intendant
ou commissaire ordonnateur, qui feront mention de la
remise desdits engagés aux habitans et que ce sont les
mêmes qui auront dû être embarqués.

ART. X. — Les capitaines desdits bâtiments seront
tenus, à leur retour en France, en faisant leurs déclarations, de remettre lesdits certificats aux officiers de l'Amirauté.

ART. XI. — Les capitaines et propriétaires desdits bâtiments seront condamnés solidairement par les officiers
de l'Amirauté à 200 livres d'amende pour chaque engagé
qu'ils n'auront pas porté dans les colonies, sauf l'appel
aux cours de Parlement où lesdites amirautés res-
sortissent.

On pense bien qu'il arrivait parfois que, après
avoir signé leur contrat, des engagés cherchaient à
s'y dérober.

Des sévères mesures de coercition avaient été édic=

tées en cette circonstance. Les deux articles ci-dessous
d'un arrêt du Conseil d'État du roi de 1718 feront
voir en quoi elles consistaient :

Art I⁰ʳ. -- Les soldats, ouvriers et tous autres, qui se
seront engagés avec la Compagnie d'Occident, soit par
acte passé devant notaire, ou sous signature privée, pour
aller servir dans la province de la Louisianne, seront
tenus de se rendre, aux termes de leurs engagements,
dans les ports qui leur auront été indiquez, et de s'embarquer sur les vaisseaux destinez à leur passage et à
leur transport, à peine d'estre arrestez et conduits en
ladite province de la Louisianne, pour y servir ladite
Compagnie, et y travailler sans aucuns gages ni autres
rétributions, aux ouvrages auxquels les directeurs de
ladite Compagnie dans ladite province jugeront à propos
de les employer, et ce pendant le double du temps porté
par leurs engagemens.

Art. II. — Les ouvriers, domestiques et tous autres
qui se seront engagez par acte par-devant notaire avec les
habitans de ladite province, ou avec ceux qui veulent aller
s'y habituer, seront aussi tenus de se rendre aux termes
de leurs engagements dans les ports qui leur auront été
indiquez, et de s'embarquer sur les vaisseaux destinez à
leur transport, à peine d'estre arrestez et conduits en
ladite province de la Louisianne, pour y servir et y
travailler sans aucuns gages ni autres rétributions, aux

ouvrages auxquels jugeront à propos de les employer ceux avec lesquels ils se seront engagés, et ce pendant le temps porté par les engagemens.

L'honneur d'un arrêt du Conseil d'État accordé ici à des différends aussi minimes provient de ce fait, qu'en ce qui concernait la Compagnie d'Occident, par dérogation à toutes les règles judiciaires, le roi avait voulu attribuer la connaissance et la juridiction de toutes ses affaires, « aux intendans et aux commissaires départis dans les provinces et généralitez de son royaume et, en cas d'absence, à leurs subdéléguez ». C'était là une marque d'honneur extraordinaire qu'en raison de l'intérêt qu'il prenait à la colonisation de la Louisiane, le roi avait jugé à propos d'accorder à cette Compagnie.

VI

Traitement infligé aux récidivistes sous l'ancien régime. — Ils étaient condamnés aux galères et déportés à temps aux colonies dans des espèces de compagnies de discipline. — Sous Louis XV, on les y transporta à titre d'engagés pour cinq années, et on les cédait à des particuliers qui prenaient soin d'eux et les faisaient travailler. — Économies qui en résultaient pour les finances publiques. — Côté moralisateur de ce mode de procéder. — Sur les réclamations des colonies, on dut renoncer à cette relégation.

Il est regrettable que, dans les débats qui ont eu lieu ces années passées à propos des récidivistes et de leur relégation aux colonies, les orateurs et les écrivains n'aient pas eu l'idée de rechercher quelles mesures exceptionnelles avaient été adoptées à leur sujet sous l'ancien régime. Notre opinion est qu'ils ont eu d'autant plus tort qu'ils auraient

16

trouvé de ce côté des précédents très curieux à invoquer.

Cette question des « vagabonds », des « mendiants valides », des « gens sans aveu », c'est-à-dire de ceux que nous nommons aujourd'hui les récidivistes, fut effectivement une de celles sur lesquelles il n'y a pas de roi qui n'ait dit son mot, c'est-à-dire rendu quelque édit ou quelque ordonnance. Tous ont cherché à la résoudre dans un sens ou dans l'autre; et chacun d'eux, à un certain moment de son règne, a conçu le dessein de débarrasser les grandes villes et les provinces de la population corrompue ou paresseuse qu'elles pouvaient renfermer.

En fait de retour sur le passé, on s'est purement contenté de rapporter les procédés sommaires, illustrés par Manon Lescaut et qui étaient employés, de temps à autre, par le lieutenant de police à Paris ou dans les autres cités. Et cependant, nous le répétons, il aurait été intéressant d'exposer tout ce qui avait été fait par l'ancienne royauté pour utiliser ces éléments sociaux ou pour les rendre sans danger.

L'idée d'envoyer aux colonies la catégorie d'individus englobée de nos jours sous le nom de récidivistes, fut produite pour la première fois dans l'Assemblée des notables de 1627.

Cette Assemblée avait, en effet, expressément demandé que l'on établît dans chaque Parlement une commission spéciale, nommée pour se concerter avec l'évêque diocésain sur ce que l'on ferait des gens de cette sorte. Elle voulait qu'ils fussent *obligés de prendre du service dans les compagnies de commerce, de s'embarquer pour les Indes ou de s'engager dans la marine.*

Chose curieuse, à partir de ce moment-là, toutes les mesures édictées contre eux par la royauté tournent autour de la même solution. L'année suivante, 1628, une compagnie dénommée *la Nacelle de saint Pierre Fleurdelisée* s'étant constituée avec privilège du roi, parmi les articles de sa charte, il en figure un ainsi conçu : « Et pour ce qu'il y a en ce royaume grand nombre de mandiants et vagabonds, lesquels quoique propres au travail passent néantmoins leur vie à la gueuserie et à l'oisiveté, Sa Majesté ordonnera à tous lesdits mandiants et vagabonds de se mettre au service de la Compagnie ; sinon, après un délai de deux mois, la Compagnie pourra s'emparer d'eux et les garder pendant six ans, sans leur devoir autre chose que la nourriture et le vêtement. »

Nous igno... combien de ces malheureux entrèrent de gré ou de force au service de *la Nacelle de saint Pierre Fleurdelisée.* Mais il est présumable que l'idée n'était pas trop mauvaise.

Ce qui nous le fait croire, c'est qu'en 1635, Richelieu, qui avait imprimé une grande impulsion à la construction des navires de l'État, s'étant tout à coup trouvé avec un certain nombre de galères, sans rameurs à leur donner, demanda au roi l'autorisation de s'en procurer en s'emparant de tous les vagabonds, mendiants et gens sans aveu pour en former une chiourme. Ce qui fut accordé. Le roi, afin d'expliquer sa conduite à ce propos, déclarant « qu'on ne sauroit mieux employer l'autorité de la justice qu'en privant de la liberté ceux qui en ont usé avec trop d'excès, les faisant occuper par un travail utile à l'Estat, au lieu qu'ils vouloient demeurer, en ne faisant rien, les instrumens d'une oppression publique ».

Le fait qui donne le droit de penser que le procédé fut jugé excellent, est qu'à une douzaine d'années de là, la royauté l'éleva à la hauteur d'une institution. C'était évidemment un moyen d'avoir des bras à bon marché.

Mais les chiourmes que l'on constitua de cette manière n'étaient pas seulement destinées à fournir des rameurs aux galères du roi. On les avait assimilées à quelque chose d'approchant de nos compagnies disciplinaires des colonies, que l'on

charge de certains travaux de l'État. Si quelques-
unes, en effet, étaient cantonnées dans certains de
nos ports, la plupart étaient envoyées dans nos pays
coloniaux.

A titre de documents, nous citerons un édit rendu
en 1661 contre ceux que la royauté appelait des
mendiants valides :

Louis, etc. La mendicité des personnes valides a toujours été si odieuse à tous les peuples, qu'il ne s'en est
point trouvé qui l'aient voulu souffrir, et tous les États
ont ordonné des châtiments contre ceux qui veulent
vivre dans l'oisiveté, sans contribuer au public quelque
chose de leur travail ou de leur industrie. Ainsi les
rois nos prédécesseurs ont fait plusieurs ordonnances
pour contraindre à travailler les mendiants fainéans,
quand ils se sont trouvés valides ; et nous, porté d'autant de commisération pour les faibles que de juste
sévérité contre les fainéans malicieux, avons établi
l'Hôpital général en notre bonne ville de Paris, pour
retirer et instruire les enfants délaissés et secourir les
vieilles personnes, les infirmes et les invalides, et ce à
dessein de pouvoir reconnoître les véritables pauvres
pour les assister, et les fainéans qui s'opiniâtrent à la
mendicité pour les employer aux ouvrages ou les châ-
tier... A ces causes considérant que la mendicité opi-
niâtre et affectée par les personnes valides est la
source de tous les crimes contre Dieu et le public, et

16.

est en soi un crime de police, qui mérite des châtimens d'autant plus exemplaires que telles gens se rendent incorrigibles par leurs mauvaises habitudes; savoir faisons que, pour ces causes, etc., voulons et nous plaît, que trois jours après la publication des présentes à son de trompe et cri public, les mendians valides de l'un et l'autre sexe, qui auront été par trois fois pris par les archers, seront châtiés de la prison et du fouet, et, s'ils sont encore repris mendiant, condamnés les hommes de servir en nos galères pendant cinq ans et les femmes ou filles au fouet, à être rasées et bannies pour dix ans de la prévôté et vicomté de Paris, le tout sans aucune forme de procès.

Il n'est pas besoin de dire quels déplorables colons ces malheureux devaient faire lorsqu'on les avait envoyés aux colonies et qu'ils étaient remis en liberté après cinq années de galères. Il est probable qu'ils durent être la pépinière où se recrutèrent ces hommes de sac et de corde auxquels on donna à cette époque le nom de boucaniers, de flibustiers, et qui, pendant près de soixante années, vécurent en véritables forbans dans les Antilles et sur les côtes du continent américain.

Cependant, on avait sans doute fini par s'apercevoir que les compagnies de forçats étaient de fort mauvaises écoles préparatoires pour la colonisation,

car la royauté décida d'agir autrement; d'autant plus,
en effet, que tous, tant s'en faut n'étaient pas expédiés aux colonies, et qu'après les cinq années auxquelles s'élevait leur peine, il y avait à les rendre
à la liberté,

De là cette déclaration du 8 janvier 1719 dont
nous détachons le passage suivant, et qui décrétait
leur relégation aux colonies :

Mais l'expérience ayant fait connoistre que ceux qui
sont accoutumés au crime ne sont pas moins à craindre après le temps de leur condamnation que pendant
le temps même porté par le jugement qui les con-
damne, nous avons jugé à propos, pour maintenir le
bon ordre dans notre bonne ville de Paris, d'y interdire
le séjour à tous ceux qui auroient été condamnés aux
galères ou au bannissement, même après le temps de
leur condamnation expiré. Et, comme d'ailleurs nous
sommes dans la nécessité d'envoyer des hommes dans
nos colonies pour y servir comme engagés et travailler
à la culture des terres ou aux autres ouvrages, sans
lesquels notre royaume ne tireroit aucun fruit du commerce de ces pays soumis à notre domination, nous
avons cru ne pouvoir rien faire de plus convenable au
bien de notre Estat que d'établir contre les hommes qui
contreviendroient tant à la présente déclaration qu'à
celles du 31 mai 1682, 29 avril 1687 et 27 août 1701
la peine d'être transportés dans nos colonies.

Bref, tous les gens sans aveu, mendiants, vagabonds ou en rupture de ban, etc., qui, de par les édits,
ordonnances ou déclarations antérieurs, auraient
été passibles de cinq années de galères, avaient
leur peine commuée en celle de cinq années de
séjour aux colonies, en qualité d'engagés.

Seulement, comme le sens pratique et l'esprit
d'économie dont l'ancien régime nous a donné tant
de preuves dans sa politique coloniale, ne perdait
jamais ses droits, on va voir de quelle façon s'y
prit la monarchie pour réaliser la même idée que
se sont proposée les auteurs eux-mêmes de notre
récente loi sur les récidivistes.

On n'ignore pas quelles charges énormes seront
pour notre budget les dépenses de la relégation,
telle qu'on l'a entendue : frais de transport des condamnés, dépenses de leur entretien, de leur logement, de leur nourriture, de leur surveillance et
de leur garde.

Eh bien, ces dépenses considérables, l'ancien
régime s'était arrangé pour les éviter ; et la lettre
suivante, écrite, le 18 juin 1720, à MM. de Sorel et
Mithon, le premier, lieutenant et gouverneur général,
et le second, intendant de justice, police et finances
des îles Sous le vent, montrera à nos lecteurs comment il y arriva.

Voici cette lettre :

Mons. de Sorel et Mons. Mithon, j'ai destiné par différents ordres plusieurs particuliers à être transportés dans ma colonie de la Louisiane ; depuis ce temps, je les ai destinés pour mes autres colonies, suivant l'arrêt de mon Conseil du 9 du mois dernier ; et, comme je veux bien qu'ils soient donnés aux armateurs de vaisseaux de mes sujets, destinés pour mes colonies de l'Amérique, pour leur tenir lieu des engagés qu'ils sont obligés d'y passer conformément au règlement que j'ai rendu le 16 novembre 1716, j'ai donné mes ordres aux commissaires de la marine qui sont dans les ports, de remettre aux armateurs des vaisseaux les prisonniers pour être transportés dans mes colonies, et de prendre d'eux des soumissions de vous les remettre ou aux commandant ou subdélégués des endroits où ils arriveront, avec mes ordres particuliers qui les destinent pour la Louisiane ou pour mes autres colonies, n'étant pas juste qu'ils vendent des prisonniers, puisqu'ils ne leur coûtent aucun engagement. Je leur ai aussi ordonné de vous envoyer ladite soumission par le même vaisseau sur lequel ils s'embarqueront, et de faire passer sur le pied d'engagés les femmes et les enfants de ces prisonniers qui sont destinés pour mes colonies, ou qui voudroient les suivre de bonne volonté.

Je vous fais cette lettre, de l'avis de mon oncle, le Duc d'Orléans, Régent, pour vous dire que mon intention est que vous vous fassiez remettre lesdits prisonniers aussitôt leur arrivée, avec mes ordres qui les des-

tinent pour la Louisiane ou pour mes autres colonies,
que vous en donniez une décharge valable aux capitaines des vaisseaux qui les apporteront, et que vous les
fassiez engager pour cinq ans avec les habitants qui en
auront besoin; vous aurez soin qu'ils soient traités pendant le temps de leur engagement avec humanité, et
qu'ils s'établissent après dans la colonie ; mon intention
n'est point qu'ils reviennent en France, c'est à quoi
vous aurez une particulière attention.

Comme il ne seroit pas juste de faire engager les
femmes et les enfants de ces prisonniers, qui ne sont
point destinés par mes ordres particuliers pour la Louisiane ou pour les autres colonies, vous les laisserez libres
de travailler pour qui ils voudront. Sur ce, je prie
Dieu, etc.

Il est très probable que les commissaires de la
marine dans les ports durent user de leur situation
pour forcer les capitaines de navires à embarquer ces
prisonniers, de préférence aux particuliers honnêtes
qui auraient pu réclamer d'eux leur passage aux
colonies. Ce qui doit le faire supposer, est l'ordonnance qui suit, laquelle fut évidemment rendue, afin
de venir à bout des résistances et de la mauvaise
volonté des armateurs :

Sa Majesté ayant fixé par un règlement du mois de
novembre 1716, le nombre d'engagés que chaque vais-

seau destiné pour les colonies doit y porter, elle auroit
depuis, en vertu de ses ordres particuliers, destiné différents de ses sujets, fraudeurs de ses droits, vagabonds
et autres, pour y aller habiter, lesquels y sont engagés
en arrivant pour cinq années aux habitants qui y sont
établis; Sa Majesté auroit bien voulu les faire donner
aux armateurs des vaisseaux destinés pour lesdites colonies pour leur tenir lieu des engagés qu'ils y doivent
porter ; mais, étant informée qu'il s'en est déjà sauvé
de ceux qui ont été embarqués, par la faute des capitaine desdits vaisseaux, pour à quoi remédier, Sa Majesté, de l'avis de M. le Duc d'Orléans, Régent, a ordonné et ordonne que les capitaines desdits vaisseaux,
du bord desquels lesdits prisonniers se sauveront dans
les ports de leur départ, seront tenus d'en embarquer
le double de la quantité qui se sera sauvée, à peine de
60 livres d'amende pour chaque prisonnier qu'ils auroient
dû rembarquer ; veut aussi Sa Majesté qu'ils soient condamnés à une pareille amende de 60 livres pour chaque
prisonnier qui se sauvera dans les ports où ils pourront relâcher. Mande Sa Majesté à M. le comte de Tou-
louse, Amiral de France, de tenir la main à l'exécution
de la présente ordonnance qui sera lue, publiée et affichée partout où besoin sera, etc.

Ainsi, pour la relégation des récidivistes aux colonies aucune des dépenses dont nous venons de faire
l'énumération et qui seront, nous le répétons, une

charge écrasante pour notre budget, n'incombait au roi.

Les frais de transport qui nous seront si onéreux, il se les épargnait en utilisant les règlements par lesquels les armateurs qui envoyaient
leurs vaisseaux aux Indes étaient obligés d'y faire
embarquer un certain nombre d'engagés. Quant aux
dépenses d'entretien, de nourriture, de logement,
de surveillance et de garde, il les laissait aux particuliers, lesquels avaient le travail des transportés
pour s'indemniser.

Si l'on fait maintenant abstraction de ces considérations de dépenses pour ne voir que l'œuvre de
moralisation à accomplir, il est incontestable qu'en
envoyant ses récidivistes dans les colonies, et en les
y mettant, si nous pouvons ainsi parler, en subsistance chez les particuliers, où ils pouvaient vivre
de la vie civile et travailler à des cultures qu'ils
pouvaient plus tard entreprendre pour leur propre
compte, — il est incontestable, disons-nous, sans
être un psychologue émérite, que l'ancien régime
agissait avec beaucoup plus d'habileté et de sens que
nous. Il faisait évidemment tout ce qui était humai-
nement possible, pour remettre ces malheureux dans
le droit chemin, et pour que, leurs cinq années
achevées, ils pussent rester et prendre leur place dans

la société coloniale où, surtout alors, on ne devait pas regarder de très près à l'origine des gens.

Quelle différence, et à notre désavantage, bien entendu, avec les dispositions qui constituent le fond même de notre loi sur les récidivistes, dispositions qui retranchent à jamais, à perpétuité, nos relégués du milieu social où ils sont nés, où ils se sont développés, dont ils ont pris les idées, les passions, les goûts, les mœurs, et qui les confinent pour toujours dans des cantonnements où ils auront à former une société à part, dans laquelle la surveillance des fonctionnaires les suivra jusqu'au tombeau !

Malheureusement l'expérience que la déclaration de janvier 1719 aurait permis de faire ne dura même pas trois années : car, le 5 juillet 1722, cette déclaration était remplacée par une autre ainsi conçue :

Louis, etc. Salut. Le feu roi, notre très honoré seigneur et bisayeul, a fixé par plusieurs déclarations, et notamment par celles des 25 juillet 1700 et 27 août 1701, les différentes peines qui doivent être prononcées contre les vagabonds et gens sans aveu, contre les mendiants et contre ceux qui, pendant le temps de leur bannissement, se retireroient dans notre ville, prévôté et vicomté de Paris, ou à la suite de notre Cour; le besoin que nous avons eu de faire passer des habitans dans nos colonies nous avoit porté à permettre à nos cours et juges, par

17

nos déclarations des 8 janvier et 12 mars 1719, d'ordonner que les hommes seroient transportés dans nos colonies, pour y servir comme engagés au défrichement et à la culture des terres, dans le cas où les ordonnances, édits et déclarations avoient prononcé la peine des galères contre lesdits vagabonds et bannis; ce que nous avons permis aussi par la déclaration du 8 janvier 1719, par rapport aux hommes qui seroient repris faute d'avoir gardé leur ban, et pareillement pour ceux qui ayant été condamnés aux galères ou au bannissement se retireroient dans notre bonne ville de Paris, et faubourgs d'icelle, même après le temps de leur condamnation expiré.

Mais les colonies se trouvant à présent peuplées par un grand nombre de familles qui y ont passé volontairement, plus propres à entretenir un bon commerce avec les naturels du pays que ces sortes de gens qui y portoient avec eux la fainéantise et leurs mauvaises mœurs; nous avons estimé à propos, tant pour le bon ordre de notre royaume que pour le plus grand avantage de nos colonies, de rétablir à cet égard l'exécution des déclarations des 25 juillet 1700 et 27 août 1701 et des déclarations données contre ceux qui ne garderont pas leur ban.

A ces causes, etc., disons, déclarons et ordonnons, voulons et nous plaît, que les déclarations des 31 mai 1682 et 29 avril 1687, contre ceux ou celles qui ne gardent pas leur ban, ensemble celles des 25 juillet 1700 et 27 août 1701 contre les mendiants et vagabonds, soient exécutées selon leur forme et teneur, sans qu'il puisse être permis à l'avenir à nos cours et juges d'ordonner

que les contrevenans auxdites déclarations soient transportés dans nos colonies, révoquant à cet égard nos
déclarations.

Le démenti que se donnait ainsi le roi, en rapportant à trois années de distance, sa déclaration de
1719, eut vraisemblablement pour cause des réclamations analogues à celles que les Australiens firent
à un certain moment entendre à l'Angleterre. Il
est évident que la population créole ne devait pas
tenir à servir de déversoir et de réceptacle à des
individus dont la métropole était trop heureuse de
se débarrasser.

En dehors de la question proprement dite de la
tranquillité publique, il y en avait une de dignité.
On ne voulait pas recevoir ceux que la métropole
expulsait de son sein, pour n'avoir pas à être con-
fondu avec eux.

La même répugnance s'est manifestée encore
tout récemment dans nos colonies, à la Réunion
notamment, lorsque notre Direction des colonies
leur a demandé si elles voulaient que des récidivistes leur fussent envoyés.

VII

En 1763, après la perte du Canada, le roi songea à la colonisation de la Guyane. — Il résolut de la faire faire aux frais
et par l'initiative de l'État, pour que les résultats fussent plus
rapides. — Organisation qu'il donna à la colonie. — Mais, s'il
se mettait ainsi au lieu et place de la compagnie que ses prédécesseurs n'auraient pas manqué de faire constituer, il est bon
de dire que le roi eut en la circonstance toutes les préoccupations pratiques dont cette compagnie aurait été animée. —
Texte complet des instructions données par lui à son Gouverneur
et à son Intendant à la Guyane. — Mesures pour pousser à la
colonisation.

Nous avons dit plus haut que le système des protectorats de M. de Freycinet devait être regardé
comme un acheminement vers la façon dont l'ancien régime pratiqua la politique coloniale et la
colonisation. Nous n'en saurions fournir une preuve
plus convaincante qu'en reproduisant ici les instructions données en septembre 1763 au gouverneur
et à l'intendant que le Gouvernement de Louis XV
envoya alors dans notre colonie de la Guyane.

Le traité du 10 février 1763 avait fait subir à notre empire colonial des Indes Occidentales la plus cruelle des amputations : nous avions dû abandonner le Canada aux Anglais. La perte avait été jugée d'une telle importance par le duc de Choiseul, alors ministre de la marine, qu'il s'était préoccupé de la réparer sur l'heure, et, la Guyane lui ayant été signalée comme une contrée riche, fertile, pleine de ressources, dans l'année même il avait fait décider par le roi d'en entreprendre la mise en valeur. Nous n'avions, à ce moment-là, dans la Guyane qu'un seul établissement, celui de Cayenne ; il s'agissait de prendre pied sur la terre ferme et d'y développer aussi vite que possible la colonisation.

Le Gouvernement était si pressé d'arriver à de prompts résultats, que, dérogeant par exception à tous les principes en usage jusque-là, il voulut créer la colonie lui-même, craignant qu'en passant par l'intermédiaire d'une compagnie, celle-ci manquât du zèle et de l'activité qu'il fallait.

Nous n'avons point à faire l'historique de cette colonisation par l'État, qui fut un véritable désastre [1].

---

1. Nous savons que deux chercheurs de mérite travaillent en ce moment aux archives coloniales du ministère de la marine et des colonies pour donner un récit complet, sur documents nouveaux, de ce lamentable épisode de notre histoire coloniale.

On avait voulu aller trop vite; on ne s'était pas entouré de renseignements suffisants; on ne prit pas toutes les mesures qu'on aurait dû ; on ne calcula pas les saisons pour les départs de France, en sorte que les colons arrivèrent justement quand les fièvres sévissent dans toute leur force, et que la pluie tombe pendant des mois ; on s'était imaginé que l'on trouverait là-bas des vivres en abondance, lorsqu'il y régnait la disette ; on avait emporté une provision ridiculement insuffisante de médicaments. Bref, nous le répétons, ce fut un véritable désastre, et, dès les premiers temps de leur arrivée, les neuf dixièmes des colons périrent à Kourou, où l'on avait décidé qu'ils seraient établis.

Mais, en ce qui regarde notre étude, ce qui mérite de nous arrêter dans cette tentative du gouvernement, c'est la manière dont il procéda, et dont nous venons de nous rapprocher par notre système des protectorats.

Le roi, en effet, confia, pour ainsi parler, tous les pouvoirs à deux fonctionnaires, l'un, le chevalier de Turgot, qui devait être le gouverneur en titre de la colonie, l'autre, Thibaut de Chanvallon, l'intendant, dont les attributions consistaient plus particulièrement dans la gestion des ressources en argent ou en marchandises mises à la disposition

de la colonie ou que l'on pouvait retirer d'elle.
Ces deux fonctionnaires se contrôlaient l'un l'autre.
On peut dire néanmoins que, lorsqu'ils étaient d'accord, ils étaient les souverains du pays : car ils y jouissaient du pouvoir législatif, ils avaient la haute main sur les forces militaires qui s'y trouvaient, nommaient aux emplois quels qu'ils fussent, etc., etc. Ils n'étaient limités que sur les points spéciaux où les instructions du roi avaient indiqué une solution ; mais, pour leur conduite en général, ils avaient simplement à ne pas trop s'écarter des vues d'ensemble ou du but final qui leur avaient été tracés.

Ce duumvirat, dont la royauté fit presque toujours usage toutes les fois qu'elle eut à organiser le gouvernement de colonies qui, en sortant des mains d'une compagnie, passaient sous son autorité directe, fut-il une conception très heureuse ? C'est peu probable. Gouverneurs et intendants s'entendaient rarement, et celles de leurs correspondances qui ont été conservées aux archives coloniales sont presque entièrement employées à des plaintes et à des dénonciations mutuelles. En tout cas, il est manifeste que la délégation de pouvoirs qui en formait la base, comme aussi le principe de considérer chaque colonie en elle-même, sans qu'il vînt à la pensée de personne de l'assimiler en tout et pour tout à la métropole, constituaient un état de choses particulier, ayant les plus grands points de similitude avec ce qu'on a voulu établir par le système des protectorats.

Assurément la ressemblance n'est pas complète. On peut affirmer d'abord qu'il ne se produisait alors aucun de ces conflits entre le civil et le militaire, qui ont été et seront, par exemple, la plaie du Tonkin, tant que le protectorat, dans ce pays, n'aura pas son armée à lui, levée et entretenue par lui, et placée en dehors de toute ingérence du ministère de la guerre.

Bien que nous n'en ayions pas eu communication, il est probable, en outre, que les instructions emportées par le regretté M. Paul Bert ont été beaucoup moins larges que celles dont nous allons donner le texte, et que le plus souvent, dans les cas où les administrateurs de la Guyane en 1763 auraient eu carte blanche, il n'a pu agir qu'après avoir obtenu l'autorisation de Paris.

Mais il n'y a là qu'une question de temps ; car la réforme apportée par M. de Freycinet est tellement contraire à nos idées actuelles en fait d'organisation et d'administration coloniales, qu'elle aura fatalement pour effet de les faire mettre en discussion, que tout ce qu'elles ont d'abusif et d'irrationel frappera dès lors tous les yeux, et que, d'améliorations en améliorations, de progrès en progrès, nous en arriverons à nous retrouver, un beau jour, presque sans nous en douter, avec des principes coloniaux très sensiblement les mêmes que ceux de la France d'avant la Révolution. Il nous suffira pour cela, en même temps que nous aurons renoncé à la doctrine absurde de l'assimilation, de vouloir que les colonies ne coûtent plus d'argent à la métropole et qu'elles soient, pour ses produits, autant de marchés aussi exclusifs qu'avantageux.

Quoi qu'il en soit, si, en proposant à Louis XV de faire coloniser la Guyane par l'initiative du gouvernement, le duc de Choiseul se mettait en contradiction avec les pures traditions de la monarchie en cette matière, il est bon d'ajouter que des raisons politiques majeures justifiaient sa conduite.

En tout cas, nous devons dire qu'il ne s'en écarta guère que sur ce point; attendu que, pour presque tout le reste, comme on peut s'en assurer par ses instructions, il ne parla pas à ses administrateurs autrement que ne l'aurait fait une compagnie monopolisée, intelligente, soucieuse de ses intérêts, désireuse de faire de la Guyane une colonie puissante et d'avoir chaque année de gros dividendes à partager.

Rien que sous ce dernier rapport, et à titre de document historique, ces instructions, en dépit

17.

de leur longueur, méritaient d'être reproduites dans cet ouvrage. Mais, si l'on prend la peine de leur consacrer une lecture attentive, la réflexion dont on ne pourra se défendre est qu'il serait à désirer que tous les gouverneurs actuels de nos colonies, à leur entrée en charge, en reçussent qui fussent inspirées du même esprit à la fois pratique et élevé.

. Voici, en effet, cette pièce intéressante:

MÉMOIRE DU ROY

pour servir d'instructions communes aux sieurs : chevalier de Turgot, gouverneur général, et Thibaut de Chanvallon, intendant de l'ancienne et nouvelle colonie de la Guyane.

Le rétablissement de la paix ayant engagé Sa Majesté à établir à la Guyane une nouvelle colonie et à augmenter l'ancienne de Cayenne, Sa Majesté, sur le compte qui lui a été rendu des talents et connoissances des sieurs chevalier Turgot et Thibaut de Chanvallon, leur a fait l'honneur de les choisir pour administrer les colonies, le premier en qualité de gouverneur général, et le second en qualité d'intendant.

Sa Majesté va leur expliquer ses intentions par la présente, qui leur servira de règle commune, attendu que leurs opérations respectives doivent tendre au même but.

Sa Majesté veut et entend que le gouverneur général, comme ayant l'honneur de représenter spécialement Sa Majesté, ait la prééminence dans tous les cas, et elle lui recommande de maintenir de tout son pouvoir l'union et la concorde et d'agir en tout pour le bien du service et de la colonie.

Sa Majesté veut que l'intendant ait une attention exacte à se concerter avec le gouverneur afin de ne pas retomber dans le même cas qui est arrivé plusieurs fois dans les colonies, où les intendants ont refusé de donner aux gouverneurs les éclaircissements qui leur avoient été demandés et de se prêter aux arrangements qui leur avaient été proposés.

Enjoint également Sa Majesté au gouverneur et à l'intendant de se rendre mutuellement les égards qu'ils se doivent comme étant personnes publiques, et de ne jamais sortir des bornes de l'honnêteté la plus exacte sans que la subordination en souffre la moindre atteinte.

Sa Majesté enjoint aux sieurs chevalier Turgot et de Chanvallon de ne rien négliger de ce qui pourra contribuer au bonheur du peuple qui est confié à leurs soins, et elle veut bien leur promettre d'accorder tous les moïens qui lui seront demandés relativement à cet objet.

Sa Majesté veut et entend qu'aucun habitant françois ou étranger qui seront passés à la Guyane n'y demeurent sans aucune portion de terre en propriété, qui, pour les gens porteurs de fonds, sera relative à ces fonds, en ayant cependant égard à ne pas mesurer exactement l'étendue de la concession sur la quantité d'argent, mais d'avoir aussi égard à l'industrie et à l'augmentation que les enfants apporteront dans les familles. Sa Majesté sent très bien que ceux qui n'ont point porté d'argent et qui se sont expatriés ne l'ont fait que dans l'espérance d'avoir une propriété suffisante pour vivre dans l'aisance, se faire une fortune honnête, et travailler à augmenter leur famille dans la paix et l'abondance. Sa Majesté recommande très expressément cet article à ses gouverneur et intendant; veut et entend également Sa Majesté que toutes les concessions à faire soient faites de concert par le gouverneur et l'intendant, voulant Sa Majesté que les lettres de concession soient signées par l'un et l'autre à peine de nullité.

L'intention du Roy est que les chefs dont il a fait choix apportent tous leurs soins et emploient tous les moïens qu'ils jugeront convenables pour accélérer la population, hâter les défrichements et encourager la culture des terres.

L'intention de Sa Majesté est aussi que, indépendamment de la culture des denrées de commerce telles que le sucre, le cotton, le rocou, l'indigo, le cacao, le caffé, la vanille, le tabac, etc., les gouverneur et intendant encouragent par toute sorte de moïens la culture des denrées nécessaires à la vie, telles que le ris, le bled, le mahis, le mil, le bled sarrazin, l'orge, l'avoine, etc., ainsi que celles du manioc, patates, ignames, bananes, et de tous les légumes d'Europe, non-seulement à fin

d'en être abondamment pourvus, mais encore pour en
fournir aux isles du Vent et sous le Vent, et de pouvoir
par ce moïen entretenir avec elles un commerce floris-
sant, en augmentant celui de la colonie.

Sa Majesté n'a pas moins à cœur la multiplication
des bestiaux, des troupeaux, des volailles de toute espèce, ainsi que des chevaux, ânes, mulets et autres
animaux utiles, et en cette considération elle permet à
ses gouverneur et intendant d'avoir tel commerce qu'ils
jugeront à propos avec les Portugais, les Hollandois,
les Espagnols, et enfin avec les étrangers de quelque
nation qu'ils soient, et Sa Majesté leur ordonne d'apporter tous leurs soins à entretenir et perfectionner les
prairies et savannes naturelles au Païs, à en former
d'artificielles soit avec des graines d'Amérique, soit
avec des graines d'Europe, telles que celles de sainfoin,
luzerne, treffle, etc.

Comme l'ancienne colonie de Cayenne est dans l'u-
sage d'avoir des esclaves noirs, Sa Majesté trouve bien
qu'elle continue à en avoir ; elle veut bien faire délivrer douze passeports pour en faire la traite directement aux côtes d'Affrique ; et, dans le cas où il serait impossible d'établir une culture abondante avec
les seuls blancs, Sa Majesté permet l'introduction des
noirs dans la nouvelle colonie ; mais elle ordonne
expressément que ce ne soit qu'à la dernière extré-
mité.

Sa Majesté veut que la nouvelle colonie soit établie
avec des hommes blancs seulement ; pour remplir cet
objet, elle se propose d'attirer à la Guyane tous

les étrangers de quelque païs et religion qu'ils soient ;
aussi Sa Majesté deffend-elle expressément à ses gouverneur et intendant de gêner en rien la conscience des
susdits étrangers, auxquels on laissera l'exercice de leur
religion. Sa Majesté enverra au conseil supérieur de
Cayenne les ordres relatifs à cet objet pour y être en-
registrés.

L'intention de Sa Majesté étant de tirer des hôpitaux
de son royaume des jeunes gens des deux sexes, elle
veut qu'il ne leur soit jamais fait aucuns reproches
relatifs à leur défaut de naissance, ou à l'état de mi-
sère duquel ils auront été tirés. Sa Majesté fera enregistrer dans ses parlements les lettres patentes relatives
à cet objet ; elles le seront aussi à Cayenne.

Le sieur Turgot aura soin de n'établir les premières
habitations qu'à quatre lieues de distance de la mer et
au moins à trois, il sera laissé une lisière de bois
de cette étendue entre la mer et les premières concessions. On aura soin de les placer sur les bords ou à
portée des rivières pour la facilité du commerce, en ne
négligeant néantmoins aucunes observations relatives
à la bonté du sol, à celle de l'eau et à la salubrité de
l'air.

Sa Majesté veut que le gouverneur et l'intendant ayent
le plus grand soin d'empêcher la dégradation des bois
soit de construction, charpente ou à fruits, ainsi qu'il
est arrivé dans les autres colonies ; elle les autorise à
prendre tous les arrangements et à faire de concert
tous les règlements qu'ils jugeront les plus propres à
remplir ses intentions.

Sa Majesté entend que les chefs de la colonie empêchent la destruction du gibier et du poisson, si nécessaires à l'entretien des habitants; ils défendront sous les
peines les plus sévères d'enivrer les rivières, et Sa Majesté
autorise le gouverneur et l'intendant à dresser de concert les règlements nécessaires pour cet objet. Le gouverneur ne permettra la chasse qu'aux habitans dont
il connoîtra la sagesse et la modération.

Il sera établi dans le lieu qui sera jugé le plus convenable une ville principalle, pour la situation de laquelle
il sera apporté les mêmes précautions que pour l'assiette
des établissements particuliers; il y sera bâti une église,
un hôtel de ville, un hôpital et tous les autres édifices
publics nécessaires et convenables, il sera libre au gouverneur et à l'intendant de choisir parmi les habitans
et les officiers tel nombre de personnes qu'ils jugeront
convenable pour conférer avec eux au sujet de cet
établissement.

Il sera aussi établi une ou plusieurs villes à mesure
que la colonie se peuplera, et dans chacune desquelles
il sera bâti un hôtel de ville.

Le sieur chevalier Turgot aura soin de faire dresser
des cartes exactes de la colonie et lever des plans des
différentes parties, de faire décrire le cours des rivières,
relever le gissement des côtes de la mer, la scitua-
tion des écueils, et de faire sonder exactement tant à
la côte que dans les rivières.

Il sera également levé des plans et formé des devis
qui seront joints aux projets de fortifications, lesquels
plans, projets et devis seront envoyés à Sa Majesté pour

qu'elle puisse décider ce qu'elle jugera à propos qui soit
fait.

Le sieur chevalier Turgot aura soin d'entretenir la
plus parfaite intelligence avec le gouverneur portugais
du Para, et avec le gouverneur hollandois de Surinam.
Il ne négligera point de prendre les précautions qu'il
croira devenir nécessaires dans un temps de guerre.

Sa Majesté étant informée que les Hollandois de Surinam ont passé quelquefois la rivière de Maroni, surtout
dans ses hauteurs, et que cette rivière est la limite
naturelle et légale qui sépare le territoire françois du
territoire hollandois, elle recommande au chevalier Turgot
de ne souffrir aucune usurpation ; et, comme le gouverneur hollandois a fait construire à l'embouchure de la
rivière de Maroni, quoique sur son terrain, un petit fort
où il a mis un détachement composé d'un sergent et
de dix hommes, dont le nombre pourroit être augmenté
par la suite, le sieur chevalier Turgot examinera s'il
ne conviendroit pas, pour la sûreté du territoire françois dans cette partie, d'élever un fort semblable à celui
des Hollandois et d'y placer un détachement de pareil
nombre d'hommes, comme aussi d'établir des postes
sur les bords du Maroni pour empêcher la désertion ;
avant de rien entreprendre sur cet article, il rendra
compte de ses observations et il attendra les ordres de
Sa Majesté.

Le chevalier Turgot apportera la plus grande attention à faire éclairer les démarches des nègres marons
qui se sont retirés dans les montagnes, et à empêcher
autant qu'il sera possible qu'ils ne puissent former de

liaison, ni entretenir de correspondances avec les nègres
marons de Surinam, pour les engager à former quelques entreprises sur la colonie françoise.

Sa Majesté enjoint aux sieurs Turgot et de Chanvallon
de concerter ensemble et de chercher les moïens qu'ils
croiront les plus propres à ramener les nègres marons
et à ies faire rentrer dans le devoir; ils tâcheront, en
ayant égard à ce qu'exige l'humanité, à ne rien faire
qui puisse nuire à l'esprit de discipline et de subordination si nécessaires à faire observer parmi les esclaves;
le gouverneur et l'intendant apporteront la plus grande
attention à ce que les habitans traitent leurs esclaves
avec douceur, les entretiennent et soignent bien, et
à ce qu'ils les nourrissent suffisamment, ou qu'ils
leur procurent le temps et les moïens de pourvoir eux-
mêmes à leur subsistance. Les chefs de la colonie auront également attention à ce que les habitans fassent
marier leurs esclaves lorsqu'ils seront parvenus à
l'âge de l'être et qu'ils aient soin des enfants qui
naîtront.

Sa Majesté permet qu'il soit établi à la Guyane une
administration municipale, en conséquence, elle autorise
le gouverneur et l'intendant de prendre de concert les
arrangements qu'ils croiront les plus convenables et de
dresser les règlements les plus propres à remplir cet
objet; elle leur enjoint d'avoir toujours présente
la nécessité de rendre les colons heureux, de respec-
ter la liberté des citoyens et de faire en sorte que l'arbi-
traire soit à jamais banni de l'administration de la
Guyane.

Sa Majesté permet également aux sieurs chevalier Turgot et de Chanvallon de travailler à former un code de lois simples et adaptées à l'usage de la colonie, s'en rapportant Sa Majesté à leur prudence et à leur zèle. L'établissement d'une colonie remet les hommes aux premiers instants de la société, ce qui demande une jurisprudence rapprochée autant qu'il est possible du droit naturel.

Quant à la religion, le sieur chevalier Turgot donnera tous ses soins à ce que la Religion catholique, apostolique et romaine soit exercée et pratiquée ave toute la décence et le respect qui lui est dû, ainsi qu'à ses ministres; il aura soin de n'inquiéter aucun des habitans de quelque nation et religion qu'ils soient sur l'article de la religion; il ne les obligera pas à l'exercice de la religion catholique, et il tiendra la main à ce qu'ils la respectent dans leur conduite et dans leurs discours.

Le gouverneur ne souffrira pas qu'il soit établi aucune espèce de controverse, il renverra hors de la colonie tout ecclésiastique remuant dont le zèle sera indiscret.

Il ne permettra point qu'il soit tenu aucun sinode ou assemblée ecclésiastique, et ce sans exception; il ne permettra pas qu'aucun ecclésiastique prenne d'autre titre que celui d'aumonier du Roy desservant. Sa Majesté ayant décidé qu'il n'y aurait aucuns curés en titre, elle se réserve de faire payer les honoraires des ecclésiastiques par le trésorier de la colonie, suivant l'état qui en a été arrêté, sans qu'il puisse être prélevé aucun droit de disme, ni exigé aucun payement pour

l'exercice des fonctions ecclésiastiques, telles que baptê-
mes, mariages et sépultures, etc.

En conséquence de l'article précédent, Sa Majesté
veut que tous les desservants et vicaires des paroisses
soient amovibles et que le préfet apostolique ne puisse
donner et transmettre ses pouvoirs et ceux des vice-
préfets apostoliques à aucun autre ecclésiastique qu'avec
l'attache et l'approbation du gouverneur.

Sa Majesté ordonne expressément que ses gouverneur
et intendant ne négligent aucun moïen pour se rendre les Indiens favorables, son intention est qu'ils fassent tous leurs efforts pour engager ceux qui sont
errans à venir s'établir sur les terres de sa domination
où elle leur assure une liberté entière. Le chevalier
Turgot fera tous ses efforts pour rapprocher de Cayenne
les nations indiennes éparses depuis l'Oyapoc jusqu'à
l'Amazonne, pour les mettre à l'abry des incursions des
Portugais, et il sera autorisé à envoyer des détache-
ments et à établir des postes capables de prévenir l'en-
lèvement de ces Indiens, et, dans le cas où quelques
uns de ces peuples se feroient la guerre, Sa Majesté
autorise les chefs de la colonie à délivrer les Indiens
esclaves pour leur rendre la liberté et leur donner des
établissements. Sa Majesté autorise aussi les sieurs
chevalier Turgot et de Chanvallon à encourager les mariages entre les blancs et indiennes.

Sa Majesté défend à tous ses sujets d'enlever les
femmes ou filles des Indiens; elle enjoint à ses gouverneur et intendant de bannir de la colonie les coupables et même de leur infliger une peine plus sévère

si le cas échoit, la sûreté des établissements dépendant de cette police, en faisant intruire le procès au coupable par le Conseil supérieur.

Sa Majesté enjoint au gouverneur de chasser de la colonie les perturbateurs du repos public, les querelleurs et autres pestes de la société; après quoi, il rendra compte des motifs qui l'y auront engagé.

Sa Majesté autorise le Conseil supérieur de n'infliger la peine de mort dans a colonie qu'aux seuls coupables d'homicides, d'enlèvements des Européennes, femmes et filles indiennes, ou de viol et de trahison, elle permet de condamner les coupables d'autres crimes à des travaux publics ou à être envoyés à la Désirade.

Sa Majesté veut et entend que le sieur chevalier Turgot fasse observer aux troupes la discipline la plus exacte et qu'il ait la plus grande attention à recevoir et à vérifier les plaintes des habitans.

Sa Majesté, pour le moment présent, ne juge point à propos d'avoir dans la colonie, avec le régiment de Saintonge qui y est en garnison, d'autre état militaire qu'une garde de police et une compagnie de maréchaussée.

Sa Majesté trouve bon que tous les militaires réformés qui voudront passer à la Guyane y soient reçus comme habitans et qu'ils y fassent telles plantations qu'ils jugeront à propos.

Sa Majesté veut bien permettre que les militaires y soient païés des pensions et jouissent de tous les autres traitemens qu'elle leur a accordés, qu'ils y conservent leurs rangs comme s'ils étaient à son service,

jusqu'à ce que Sa Majesté juge à propos de les y employer; mais sans que, dans cet intervalle, ils puissent
faire aucunes fonctions militaires, ni prétendre à aucunes
prérogatives ou traitemens particuliers relativement à
leurs grades.

En considération des travaux de toute espèce qu'oc-
casionnera l'établissement de la nouvelle colonie, Sa
Majesté veut bien déroger aux précédents règlemens
qui deffendent aux gouverneur, intendant et autres
officiers de la colonie de posséder des habitations, d'a-
voir des bâtiments et d'y faire le commerce pour leur
compte. Elle permet à ses gouverneur, intendant et
autres officiers de la Guyane, et aux personnes qu'elles
employeront sous leurs ordres d'y posséder une
ou plusieurs habitations, d'y faire construire des
navires et autres bâtiments, d'y faire le commerce et
d'en établir des branches soit avec la métropole, soit
avec les étrangers; bien entendu qu'ils ne pourront en
aucun cas employer aucune voye pour obliger les habitans à charger de préférence sur leurs navires ou faire
charger leur propre marchandise sur des navires étrangers par préférence à celle des autres colons.

Sa Majesté défend expressément à ses gouverneur et
intendant et à leurs subordonnés d'employer jamais dans
le commerce qu'elle leur permet de faire aucuns de ses
effets, de quelque espèce qu'ils puissent être, ni de
faire acheter aucunes de leurs marchandises ou denrées
pour le compte du Roy, et, s'il se trouvoit dans leurs
magasins des articles dont le service auroit un besoin
essentiel et indispensable qui ne se trouveroient pas

dans les magasins des autres marchands, Sa Majesté
veut bien qu'ils soient reçus dans ses magasins après
que le besoin desdites marchandises ainsi que leur
disette chez les particuliers auront été préalablement
constatés par un procès-verbal signé et affirmé par
quatre notables et par quatre officiers de la colonie,
duquel procès-verbal il sera remis une copie au greffe
de la colonie et envoyé une autre copie au ministre
pour qu'il règle le prix auquel lesdites denrées et
marchandises devront être payées par Sa Majesté, qui
déclare qu'il ne sera alloué aucun compte des susdites
marchandises dans le cas où leur fourniture dans ses
magasins n'auroit pas été soumise aux formalités
prescrites par le présent article.

Sa Majesté a trop de confiance dans la droiture et la
probité des sieurs chevalier Turgot et de Chanvallon
pour leur recommander de ne plus s'approprier, comme
on a fait par le passé, des droits exclusifs de pêche
et autres, onéreux à la colonie ou attentatoires à la liberté.

Sa Majesté leur enjoint aussi de ne prétendre dans
les marchés à aucune préférence pour les achats et à
être attentifs à ce que leurs subordonnés, leurs pour-
voyeurs et domestiques ne s'arrogent aucun droit
semblable, l'intention du Roy étant que tout le poisson,
gibier, vivres, etc., portés au marché y soient vendus
de gré à gré et au prix qui sera réglé par les chefs
auxquels Sa Majesté enjoint d'avoir soin que les marchés soient autant fournis qu'il se pourra de toutes les
denrées nécessaires à la vie.

Sa Majesté ordonne et permet que les bâtimens de toutes nations soient admis dans la colonie et qu'ils jouissent de toute franchise et sûreté. Sa Majesté a cru devoir accorder cette faveur à une colonie naissante qui doit être un jour de la plus grande utilité à ses autres possessions en Amérique.

L'intention du Roy est qu'à l'arrivée des bâtimens marchands, leurs capitaines donnent une déclaration de leur chargement; cette formalité une fois observée, les gouverneur et intendant seront tenus d'accorder aussitôt la main-levée, de permettre le débarquement et la vente libre des susdits chargemens ; sans qu'ils puissent, sous aucun prétexte, s'arroger des droits de préférence, ni envoyer choisir à bord les marchandises qui pourroient être à leur convenance; l'intention de Sa Majesté est que toutes les denrées autres que celles destinées pour ses magasins soient vendues de gré à gré à tous ceux qui se présenteront pour en faire l'acquisition, et ce par enchère publique.

Sa Majesté entend aussi que les gouverneur et intendant ne puissent acheter des denrées de France sur tous les vaisseaux qui en viendront, Sa Majesté voulant éviter toute espèce de revente de la part des chefs, excepté cependant celles pour leur consommation qui leur seront envoyées par leurs correspondants de France. Sa Majesté leur permet néantmoins de faire venir sur leurs propres bâtimens des marchandises et denrées de la métropole, leur enjoignant de les vendre au prix commun et d'éviter tout ce qui pourroit sentir le monopole.

Sa Majesté enjoint et ordonne à ses gouverneur et intendant de ne permettre dans la colonie l'établissement d'aucun négociant sous le titre de commissionnaire, cette espèce d'hommes a fait un tort considérable aux autres colonies et trompé également l'habitant et leur commettant, et, dans le cas où il s'en présenteroit, l'intention de Sa Majesté est qu'ils soient renvoiés, à moins qu'ils ne prennent une habitation, et alors ils feront le commerce sur le même pied que les autres colons.

Sa Majesté ordonne que ses gouverneur et intendant feront à l'arrivée de chaque bâtiment le recensement des hommes qui arriveront et des vivres qui seront chargés pour leur subsistance, afin de s'en procurer et de demander la quantité de vivres nécessaires dans le cas où il n'y en auroit pas suffisamment pour les nouveaux venus, dans la crainte d'affamer la colonie.

Sa Majesté recommande au gouverneur et à l'intendant d'entretenir entre eux la meilleure intelligence ; elle recommande également au sieur de Chanvallon d'apporter la plus grande attention à l'administration des fonds et des autres effets appartenant à Sa Majesté, qu'elle a fait et fera passer à la colonie, et de ne rien délivrer que suivant les états qui ont été approuvés et suivant les besoins inévitables.

L'administration de l'ancienne colonie restera sur le même pied, jusqu'à ce que les sieurs chevalier Turgot et de Chanvallon ayent examiné les moïens de l'assimiler à celle de la nouvelle colonie, afin que toute la Guyane soit administrée uniformément.

Sa Majesté veut que, dans les règlements qui concerneront l'administration civile, l'intervention et la signature des deux chefs ait lieu, l'intention de Sa Majesté étant que cette disposition soit inviolablement observée à l'avenir pour prévenir la désunion que l'on n'a vu que trop souvent régner entre les gouverneurs et intendants des colonies.

Tout ce qui concerne le militaire ressortira au gouverneur général seul, qui, en conséquence, nommera à la place de prévôt général, qui remplira celles des exempts, brigadiers et cavaliers de la maréchaussée lorsqu'elles viendront à vaquer.

Sa Majesté entend que les colonels des régimens en garnison dans les colonies ayent la nomination des emplois vaccans dans leur régiment et qu'ils soient tenus de prendre l'approbation du gouverneur et cela pour le maintien de la subordination.

Le gouverneur nommera aux emplois vaccans de l'état-major et autres militaires, excepté ceux énoncés dans l'article précédent.

Le gouverneur nommera aussi aux places d'ingénieurs géographes et d'astronomes, ainsi qu'à celles de patrons, maîtres et contre-maîtres et autres employés de la marine dans les colonies.

L'intendant nommera aussi aux employs de judicature ; il sera tenu cependant de présenter les sujets au gouverneur et de prendre son attache, et le gouverneur sera tenu de motiver ses refus, si le cas y échoit.

L'intendant nommera aux employs d'administration, c'est-à-dire à ceux de ses bureaux, magasins, hôpitaux,

18

excepté cependant les médecins et chirurgiens et pharmaciens qui seront nommés et choisis de concert.

Les employs relatifs à l'éducation ressortiront comme grande police au gouverneur, comme ayant l'honneur de représenter plus particulièrement la personne du Roy ; il se concertera cependant avec l'intendant pour le choix des personnes, et Sa Majesté recommande à l'un et à l'autre d'apporter la plus grande attention à bien choisir, l'objet de l'éducation étant de la plus grande importance.

Sa Majesté, sur tous les points qui n'auroient pas été prévus dans la présente instruction, s'en remet à la prudence, au zèle et aux lumières des sieurs chevalier Turgot et de Chanvallon ; elle leur observe seulement qu'ils ne doivent former leurs demandes que relativement aux besoins et à l'accroissement de la colonie, afin de ne pas excéder les fonds que Sa Majesté a destinés pour cette colonie.

Fait à Versailles, le 20 septembre 1763.

Signé : LOUIS. Et plus bas : LE DUC DE CHOISEUL.

Si des considérations de politique générale avaient déterminé le gouvernement de Louis XV à se charger de la colonisation de la Guyane, on pense bien qu'il avait dû, à ce propos, tout faire au monde pour peupler au plus vite la colonie. On a déjà vu, par les *Instructions* qui précèdent, qu'il avait renoncé à la clause touchant la religion catholique, dont, pendant tout le XVIIe siècle, on avait fait une condition *sine qua non* aux colons. Or la lettre patente que nous publions plus bas va montrer qu'il était allé beaucoup plus loin dans ce but. Louis XV avait si bien voulu de nombreux colons à tout prix, qu'il en avait, en effet, fait enrôler en Suisse, dans l'Alsace, en Lorraine, en Italie, en Bavière; à tel point que les cinq à six milles que l'on transporta et qui périrent à Kourou et sur les rives du Maroni avaient été amenés en grande partie de ces divers pays. Mais on verra que, par une sage mesure — que nous devrions bien imiter de nos jours dans nos colonies — tous ces étrangers, après une résidence d'une durée déterminée, devaient être Français de droit; et, en attendant, ils voyaient le droit d'aubaine suspendu à leur profit.

La quantité prodigieuse d'étrangers qui sollicitèrent du gouvernement de Louis XV leur passage et des concessions de terres à la Guyane, atteste le prestige dont la France jouissait en 1763. Il en vint du fond des derniers villages de la Suisse et de l'Allemagne.

Nous espérons que les auteurs dont il a été question plus haut, et qui s'occupent actuellement d'écrire l'histoire de la colonisation de la Guyane sous ce monarque, comprendront la nécessité scientifique de publier tous les documents intéressants relatifs à ce qui fut fait alors.

Quant à nous, en publiant la lettre patente suivante, notre idée est de faire voir qu'en matière de colonisation et en tenant compte du cas exceptionnel dont il s'agissait, Louis XV se fit un devoir de rester dans la tradition de son grand-aïeul Louis XIII. On s'en convaincra en pesant tous les termes de cette lettre :

Louis, par la grâce de Dieu, roi de France et de Navarre, etc.

Ayant jugé utile au bien de notre royaume d'établir une nouvelle colonie dans la partie méridionale de l'Amérique, connue sous le nom de la Guyane françoise, voulant en conséquence favoriser la population et multiplication des habitans de ladite colonie par les voyes les plus efficaces, nous avons cru devoir accorder plusieurs avantages généraux et particuliers, tant à nos sujets qu'aux étrangers qui prendront des habitations et s'établiront dans ladite colonie ; à ces causes, de l'avis de notre conseil, nous avons, par ces présentes signées de notre main, ordonné et ordonnons ce qui suit :

ART. 1er

Les étrangers de quelque nation et qualités qu'ils soient qui auront fait valoir des habitations ou travaillé

pendant l'espace de dix ans, soit dans l'isle de Cayenne,
soit dans la nouvelle colonie établie dans le continent
de la Guyane, jouiront, tant dans la colonie qu'en
France, des mêmes avantages dont jouissent nos sujets
naturels, sans qu'ils soient obligés de prendre aucunes
lettres de naturalité, en rapportant seulement des certifficats en bonne forme du greffier de notre juridiction
ou du Conseil supérieur de Cayenne, visés par nos
gouverneur et intendant du tems qu'ils auront habité la
colonie et à la charge de continuer leur domicile dans
nos États.

Art. 2.

Renonçons en faveur des étrangers qui s'établiront
dans ladite colonie, à tous droits d'aubaine, voulons
qu'ils jouissent indistinctement, tant pour la disposition
de leurs biens pendant leur vie que pour l'ordre de
succession après leur mort, de tous les droits dont
jouissent les naturels françois; qu'en conséquence, leurs
parents étrangers puissent recueillir les biens comme
s'ils étoient décédés dans le sein de leur patrie.

Art. 3.

Renonçons à tous droits de bâtardise en faveur des
personnes qui s'établiront et prendront des habitations,
tant au continent de la Guyane qu'à l'isle de Cayenne;
en conséquence, voulons que, si des bâtards établis
dans ladite colonie viennent à décéder sans avoir laissé
d'enfants ou sans avoir disposé de leurs biens, leurs
pères et mères leur succèdent *ab intestat* dans tous leurs

biens tant mobiliers qu'immobiliers, soit qu'ils soient situés dans ladite colonie, ou dans nos autres États, en suivant, pour le partage de leur succession, les mêmes règles qui ont lieu pour les autres successions *ab intestat*, et ne pourront les fermiers de nos domaines exiger pour raison desdites successions autres et plus grands droits que pour les autres successions du même genre de personnes nées en légitime mariage.

ART. 4.

Les ouvriers, artisans et autres personnes de quelque profession ou métier que ce soit qui passeront dans ladite colonie et justifieront, par des certifficats en bonne forme de nos gouverneur et intendant, du nombre d'années pendant lesquelles ils y auront exercé leur art, profession ou métier, pourront, à leur retour en France, y exercer publiquement lesdits art, profession ou métier, ceux qui auront travaillé dans ladite colonie pendant dix années consécutives et non interrompues, dans notre ville et faubourg de Paris, et ceux qui auront travaillé dans ladite colonie pendant huit années, dans toutes les autres villes et lieux de notre royaume, et sans être assujettis à aucun apprentissage, compagnonnage, chef-d'œuvre, sous la condition de payer la quatrième partie des frais ordinaires de réception seulement, sans que les communautés et maîtres des mêmes professions et métiers puissent les inquiéter à ce sujet, à la charge de faire enregistrer leurs certifficats de travail dans la colonie, au greffe de la police des lieux où ils voudroient exercer leur profession.

Si, nous mandons que ces présentes vous ayés à faire publier et enregistrer, et le contenu en icelles garder, observer et exécuter selon leur forme et teneur, nonobstant tous édits, déclarations, règlements et lettres à ce contraires auxquelles nous avons dérogé et dérogeons par ces présentes.

Donné, etc.

FIN

TABLE

AVANT-PROPOS

Il est regrettable qu'à la Révolution, on ait indistinctement proscrit tout ce qui avait existé sous l'ancien
régime. — L'existence tourmentée de notre société
durant le XIXᵉ siècle en est la conséquence. — La nouvelle
génération est appelée à corriger ce que cette proscription a eu d'injuste et d'absolu. — Ce livre prouvera par un exemple que, sous l'ancien régime tout
n'était pas mauvais, et que beaucoup aurait mérité
d'être conservé. — Cet exemple se rapporte à la
façon dont la politique coloniale et la colonisation
furent entendues et pratiquées alors   V

PREMIÈRE PARTIE

CONDITIONS DANS LESQUELLES SE TROUVA L'ANCIEN RÉGIME POUR
SE CRÉER DES COLONIES. — IL ADOPTA COMME PRINCIPE QUE LA
CRÉATION DES COLONIES NE DEVAIT RIEN COUTER A L'ÉTAT.

TABLE   323
Pages

DEUXIÈME PARTIE

MOYENS ÉCONOMIQUES ET INGÉNIEUX DONT L'ANCIEN RÉGIME FIT USAGE POUR POUSSER RAPIDEMENT AU DÉVELOPPEMENT, A LA PROSPÉRITÉ ET AU PEUPLEMENT DE SES COLONIES.

TABLE   325
                                         Pages

CONCLUSION

TROISIÈME PARTIE
NOTICES ET PIÈCES JUSTIFICATIVES
I
LIGNE DES AMITIÉS

TABLE   327

II

CONDITIONS CONFESSIONNELLES EXIGÉES DES COLONS

III

CHARTES D'ANCIENNES COMPAGNIES

IV

TERRES CONCÉDÉES A CEUX QUI LES DÉCOUVRAIENT

V

INSTITUTION DES ENGAGÉS

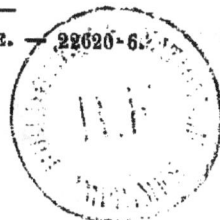

PARIS, IMPRIMERIE CHAIX, 20, RUE BERGÈRE. — 22620-6.